MAGOS NEGROS

ROBSON PINHEIRO

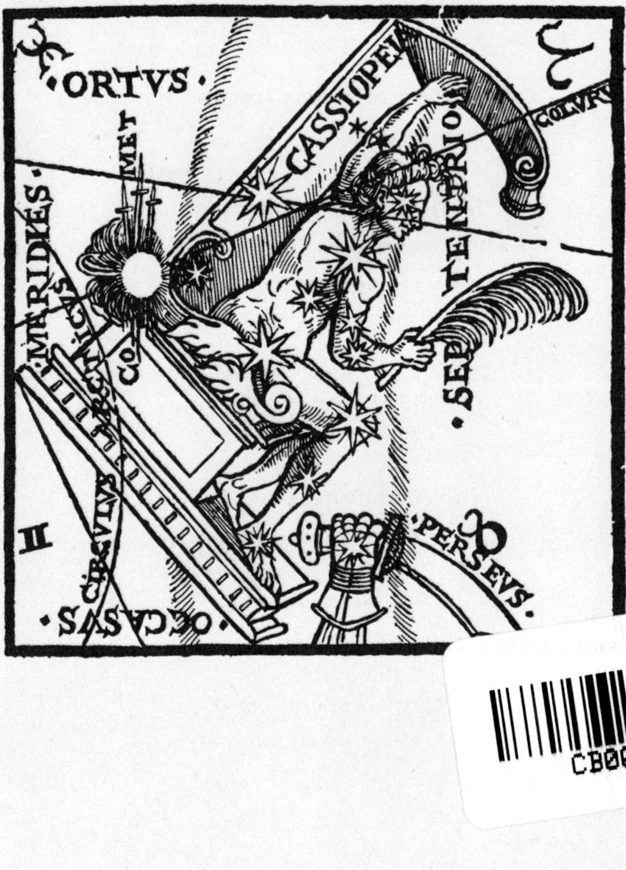

1ª edição | fevereiro de 2011 | 11 reimpressões | 38.000 exemplares
12ª reimpressão | abril de 2022 | 1.000 exemplares
13ª reimpressão | junho de 2023 | 1.000 exemplares

casadosespíritos

CASA DOS ESPÍRITOS EDITORA
Avenida Álvares Cabral, 982, sala 1101 | Lourdes
Belo Horizonte | MG | 30140-073 | Brasil
Tel./Fax: +55 (31) 3304-8300
editora@casadosespiritos.com.br
www.casadosespiritos.com

Edição, preparação e notas
LEONARDO MÖLLER

Projeto gráfico e editoração
ANDREI POLESSI

Revisão
LAURA MARTINS

Impressão e acabamento
GRÁFICA VIENA

Magia *e* feitiçaria sob *a* ótica espírita

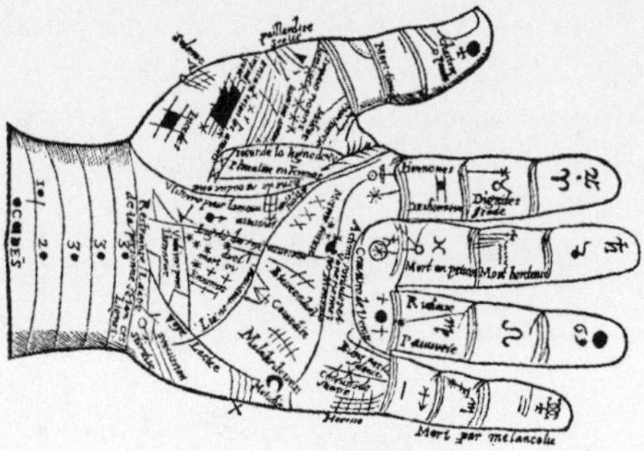

MAGOS NEGROS

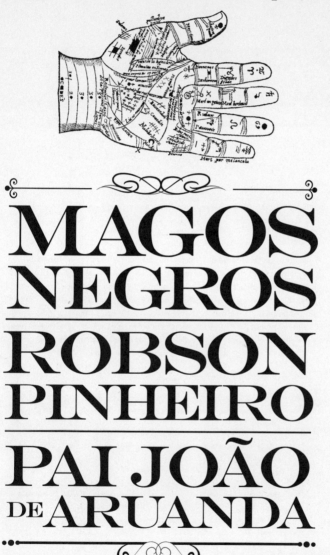

ROBSON PINHEIRO

PAI JOÃO DE ARUANDA

Nesta obra respeitou-se o Acordo Ortográfico da Língua Portuguesa (1990), ratificado em 2008.

Os direitos autorais desta obra foram cedidos gratuitamente pelo médium Robson Pinheiro à Casa dos Espíritos Editora, que é parceira da Sociedade Espírita Everilda Batista, instituição de ação social e promoção humana, sem fins lucrativos.

Compre em vez de copiar. Cada real que você dá por um livro espírita viabiliza as obras sociais e a divulgação da doutrina, às quais são destinados os direitos autorais; possibilita mais qualidade na publicação de outras obras sobre o assunto; e paga aos livreiros por estocar e levar até você livros para seu crescimento cultural e espiritual. Além disso, contribui para a geração de empregos, impostos e, consequentemente, bem-estar social. Por outro lado, cada real que você dá pela fotocópia ou cópia eletrônica não autorizada de um livro financia um crime e ajuda a matar a produção intelectual.

Dados Internacionais de Catalogação na Publicação (cip)
(Câmara Brasileira do Livro, sp, Brasil)

Aruanda, Pai João de
Magos negros : magia e feitiçaria sob a ótica espírita / pelo espírito Pai João de Aruanda ; [psicografado por] Robson Pinheiro. — Contagem, mg : Casa dos Espíritos Editora, 2011.
Bibliografia.
isbn 978-85-99818-10-7
1. Afro-brasileiros - Religião 2. Espiritismo 3. Espíritos 4. Feitiçaria 5. Magia 6. Mediunidade 7. Psicografia 8. Sincretismo (Religião) i. Pinheiro, Robson. ii. Título.
10-12536 cdd-133.93

Índices para catálogo sistemático:
1. Pretos-Velhos : Mensagens espirituais psicografadas : Espiritismo 133.93

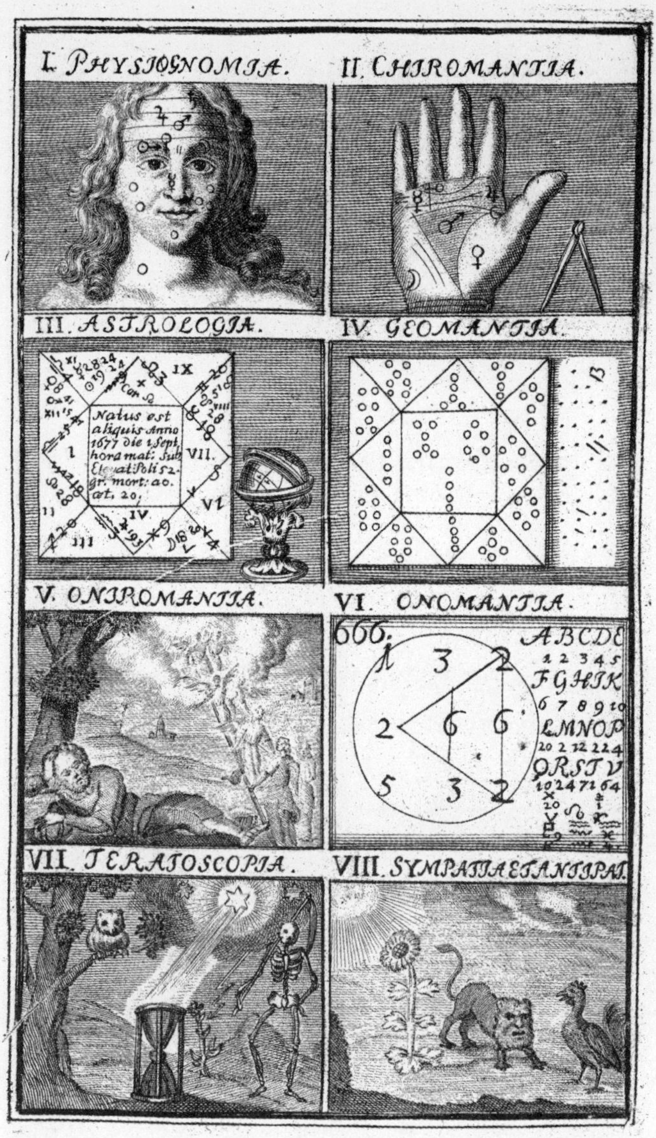
I. PHYSIOGNOMIA.
II. CHIROMANTIA.
III. ASTROLOGIA.
IV. GEOMANTIA.
Natus est aliquis Anno 1677 die 1 Sept hora mat: Sub Elevat: Poli 52 gr. mort: ao. æt. 20.
V. ONIROMANTIA.
VI. ONOMANTIA.
666.
ABCDE
FGHIK
LMNOP
QRSTV
VII. TERATOSCOPIA.
VIII. SYMPATIAE ET ANTIPAT.

"O ESPIRITISMO e o magnetismo nos dão a chave de uma imensidade de fenômenos sobre os quais a ignorância teceu um sem-número de fábulas, em que os fatos se apresentam exagerados pela imaginação. O conhecimento lúcido dessas duas ciências *que, a bem dizer, formam uma única*, mostrando a realidade das coisas e suas verdadeiras causas, constitui o melhor preservativo contra as ideias supersticiosas, porque revela o que é possível e o que é impossível, o que está nas leis da Natureza e o que não passa de ridícula crendice."

ALLAN KARDEC[1]

[1] KARDEC. *O livro dos espíritos*. 1ª ed. esp. Rio de Janeiro: FEB, 2005, p. 346, item 555. Grifo nosso.

SUMÁRIO

CAPÍTULO 1

Autodefesa psíquica e energética

"

Passando eles pela manhã, viram que
a figueira tinha secado desde as raízes. Pedro
lembrou-se e disse a Jesus: Mestre, olha, a figueira
que amaldiçoaste secou. Ao que Jesus respondeu:
Tende fé em Deus. Em verdade vos digo que se alguém disser a este monte: Ergue-te e lança-te ao
mar, e não duvidar em seu coração, mas crer que se
fará o que diz, lhe será feito.

"

MARCOS 11:20-23

1 **DIANTE** *das diversas manifestações e da extensa fenomenologia atribuída ao processo obsessivo, poderia explicar-nos as diferenças entre a obsessão propriamente dita e os processos de influência energética?*

A OBSESSÃO, conforme classificada pelo pesquisador e codificador do espiritismo, Allan Kardec, representa uma ação do espírito sobre o encarnado, dotada de planejamento e, sobretudo, vontade de prejudicar ou dominar o indivíduo.[1] Em sua variação, a obsessão também

[1] "Chama-se obsessão à ação persistente que um Espírito mau exerce sobre um indivíduo. Apresenta caracteres muito diferen-

pode ser realizada pelo encarnado sobre o desencarnado ou entre dois habitantes da mesma dimensão. Necessariamente há, no processo obsessivo, uma ação consciente, voluntária e movida pela vontade do agente.

Assim como os espíritos se envolvem e vivem em meio à criação e aos seres humanos, tudo que há no mundo está imerso em um uma espécie de éter, e os homens do planeta Terra vibram e transitam num ambiente onde convivem tipos diferentes de energia, que podemos classificar como físicas, extrafísicas e conscienciais. Essas últimas, principalmente, podem ser, conforme o caso, positivas e agradáveis, negativas e danosas ou mesmo indiferentes para nós. O organismo espiritual possui meios de absorver, processar e exteriorizar todas essas formas de energia.[2]

tes, que vão desde a simples influência moral, sem perceptíveis sinais exteriores, até a perturbação completa do organismo e das faculdades mentais" (KARDEC. *A gênese, os milagres e as predições segundo o espiritismo*. 1ª ed. esp. Rio de Janeiro: FEB, 2005, p. 387-388, cap. 14, item 45).

[2] Com esta brevíssima introdução a respeito de energias ou *fluidos* — terminologia empregada por Allan Kardec, própria da época em que

Eis por que nem tudo o que meus filhos sentem tem como causa o processo obsessivo propriamente dito. Diversos sintomas e patologias podem originar-se de outros fatores, de natureza energética ou emocional, conforme o caso. No cotidiano de meus filhos, poderão absorver determinados fluidos, que muitas vezes são erroneamente atribuídos à influência de espíritos. De acordo com a espécie de fluido, o equilíbrio do ser humano pode ser severamente comprometido. Uma vez assimilado, o fluido malsão pode ocasionar dor, desânimo, mal-estar, ansiedade, irritabilidade, depressão, entre outros estados.

Também é preciso considerar que muitas pessoas têm uma faculdade especial de absorver energias do ambiente e daqueles que as circun-

escrevia, no século XIX —, o espírito Pai João sinaliza que o estudo dos fluidos não é somente essencial à compreensão dos temas tratados nesta obra, como também constitui o alicerce sobre o qual desenvolve os conhecimentos analisados ao longo de todo o texto. Ainda que as mais diversas correntes místicas e espiritualistas não tenham reservas ao se apropriar do termo *energia* — o que lhes confere certo descrédito, dam. Nesse caso, absorvem conteúdos energéticos ou mesmo emocionais acumulados no entorno e nas próprias pessoas com que se relacionam, e, ao fazê-lo, em maior ou menor grau, costumam sentir inúmeros problemas. Sem o conhecimento das leis que regem fluidos e energias, creditam sua procedência a espíritos, feitiços e malefícios.

Existem ainda as pessoas que geram em si mesmas essas energias prejudiciais de caráter mental e emocional, sem que as absorvam de outros. Elas próprias irradiam vibrações densas, pesadas e contagiosas, influenciando tudo a seu redor.

aos olhos de estudiosos mais céticos — e, de outro lado, a física tenha refutado a teoria clássica dos fluidos e do éter, demonstrando a incapacidade dessa teoria para explicar fenômenos inerentes à matéria, é preciso observar que o espiritismo — e antes dele, o mesmerismo — se vale de tais termos apenas como analogia, utilizando-se de vocábulos bastante difundidos para formular um conceito próprio do que sejam fluidos. Trata-se de toda uma disciplina, que, embora alvo de críticas levianas baseadas tão somente na coincidência terminológica ingrata,

2 *Como podemos entender a atitude de certas pessoas que confundem a influência energética, ou nem sequer a admitem, e atribuem a espíritos ou a feitiços todo o mal-estar que as acomete?*

GERALMENTE essas são pessoas mais místicas, que tendem a buscar a culpa pelo que sentem em um evento externo — seja em uma inteligência ou um desencarnado, seja em um ato de magia que alguém fez contra ela — em vez de assumir a responsabilidade tanto por seus atos quanto por suas derrotas, seus problemas e dificuldades. Essa atitude constitui uma forma de boicote inconsciente a que a pessoa se entrega e, pouco a pouco, torna-se hábito. A mente enferma ou viciada, ou, ainda, embriagada na ilu-

requer aprofundamento e ainda está por ser desmentida ou substituída. Mesmo o adepto das práticas espíritas carece de ter acesso a mais discussão a respeito dos fluidos, cuja importância é frequentemente subestimada, a fim de conferir mais técnica e substância às suas atividades mediúnicas, entre outras aplicações. O principal texto sobre o tema, no âmbito da doutrina espírita, fundamenta as explicações que esta oferece acerca dos milagres do Evangelho ("Os fluidos", cap. 14. Ibidem, p. 348-391).

são de atribuir todo e qualquer infortúnio a um agente externo, a um mal espiritual, vive procurando culpados ou responsáveis, enquanto ela própria fica a maior parte do tempo se *des*culpando. Trata-se de indivíduos com vasta problemática emocional e psíquica, que reclamam mais os cuidados de um bom psicólogo ou psiquiatra, capaz de induzi-los à reflexão sobre a gênese e a solução de suas dificuldades, e não de um médium ou espírito para pretensamente resolver suas queixas.

3 *E quando aparecem pessoas com tais características no centro espírita, como devemos tratá-las?*

Infelizmente, grande parte de meus filhos ainda não tem conhecimento sobre certas questões emocionais e psicológicas. Na ânsia de auxiliar, muita gente com boa vontade encaminha pessoas com esse perfil místico para as reuniões mediúnicas, a fim de desenvolverem sua suposta faculdade psíquica, ou mesmo visando ao tratamento desobsessivo, que teria por finalidade retirar o "encosto" ou obsessor que as assedia.

Em ambos os casos, trata-se de um equívoco que pode trazer consequências indesejadas. O indivíduo com sério transtorno emocional e psicológico, ou mesmo o paciente psiquiátrico em potencial, quando é levado ao desenvolvimento da mediunidade, normalmente desenvolve também o conflito, a problemática. Por outro lado, se o encaminhamos à prática mediúnica visando ao tratamento desobsessivo, o trabalho fica incompleto e corre-se o risco de impressionar ainda mais o sujeito, pois esse tipo de doente da alma apresenta, na maioria das vezes, uma mente impressionável. Temos de convir que esses casos que nos chegam à casa espírita até podem ser atenuados com os passes, o magnetismo curador, a conversa fraterna e amiga, mas são dificuldades que exigem acompanhamento terapêutico com psicólogo e, dependendo da gravidade, com psiquiatra.

4 *Existe alguma outra forma de absorver energias discordantes que não seja pelo contato com ambientes e pessoas dotados de desequilíbrio*

energético em algum grau?

É CLARO, meu filho. No entanto, é bom lembrar que, quando tratamos do assunto energia e espírito, a lei de afinidade faz-se bastante presente, e meus filhos somente absorvem as energias que meu filho chama de discordantes porque, dentro de si mesmos, existe algo de tipo equivalente e de teor vibratório similar ao da energia atraída.[3]

Levando isso em conta, podemos dizer que, no ambiente do planeta Terra, no estágio atual em que se encontra, é impossível, ao menos por enquanto, não entrar em contato com energias impactantes. Resta a meus filhos desenvolver um estado de autodefesa energética e mental, que os coloque em situação emocional e energética favorável.

Mas respondamos à pergunta. Durante o sono físico, nos momentos em que o corpo repousa e a alma desprende-se em desdobramen-

[3] "Os fluidos se combinam pela semelhança de suas naturezas; os dessemelhantes se repelem; há incompatibilidade entre os bons e os maus fluidos, como entre o óleo e a água" (ibidem, p. 367, item 21).

to, ela procura ambientes e companhias com os quais mantém sintonia. Desses ambientes, e na presença dessas companhias, haure as energias que logo determinarão seu estado de saúde espiritual, energética e emocional. Nem sempre se pode jogar a culpa ou a responsabilidade nas pessoas encarnadas com as quais se convive; pelo contrário, na esmagadora maioria das vezes, não há como culpar feitiços ou mandingas que outros fizeram. De modo natural, cada um sintoniza com aquilo que está em seu coração, conforme a qualidade de emoções e pensamentos que alimenta no dia a dia.[4]

Ainda podemos citar algumas atitudes que fazem com que ocorra a perda de vitalidade, que muita gente acredita que foi produzida por feitos ou encomendas, magias, feitiçarias e coisas afins.

[4] "Pelo que respeita ao grande número de homens (...), esses vão, enquanto dormem, ou a mundos inferiores à Terra, onde os chamam velhas afeições, ou em busca de gozos quiçá mais baixos do que os em que aqui tanto se deleitam. Vão beber doutrinas ainda mais vis, mais ignóbeis, mais funestas do que as que professam entre vós" (KARDEC. *O livro dos espíritos*. Op. cit. p. 276, item 402).

Falo das atitudes diárias de abuso das reservas vitais, como a perda e a privação de sono, a falta de repouso e lazer, o consumo de drogas e bebidas alcoólicas, o sexo abusivo, a participação em "baladas" e coisas do gênero, que traduzem uma vida noturna agitada. Tudo isso contribui para intensa subtração de vitalidade, de energias benfazejas e de saúde. Com o tempo, a pessoa que se entrega a desregramentos de variadas expressões acaba por esgotar suas reservas energéticas, abdicando da vitalidade orgânica e abrindo campo para enfermidades que seriam perfeitamente evitáveis. Em meio a tudo isso, o estresse próprio da vida nas grandes metrópoles, bem como a depressão, a mágoa, o apego ao passado doloroso e outros elementos da vida emocional mal vivida formam o quadro interno que favorece o escape de fluidos vitais e a consequente perda de qualidade de vida de meus filhos.

Quando aquele que enfrenta tais dificuldades é uma pessoa mística, adota a atitude de fuga da responsabilidade e evita pensar sobre o assunto — uma vez que já traz o diagnóstico pronto em sua consciência —, culpando o outro ou alguma situação pela colheita dos frutos amargos que plantou ao longo da vida.

5 *Como podemos entender magia e feitiçaria a partir do conhecimento espírita?*

ANTES DE TUDO, meu filho, devemos encarar a magia e as operações de caráter metafísico que se utilizam de manipulações energéticas, emocionais e mentais como realmente são. Isto é: fenômenos levados a efeito a partir da força mental e emocional do manipulador, dirigida magneticamente, de forma simples ou complexa, a seu alvo mental, ou seja, àquele a quem se destinam. Manipulam-se fluidos, formas-pensamento, elementos ou elementais, e a eficácia dos processos dependerá da força mental do agente, do mago ou feiticeiro.

Considerando-se essa realidade, muitos que alardeiam ser feiticeiros ou qualquer outra espécie de manipulador de energias extrafísicas não passam de charlatões. Adquiriram algum conhecimento superficial — em poucos casos, até alcançam camada mais ou menos profunda —, mas não desenvolveram a habilidade necessária ao manejo das forças que pretendem dominar. Essa habilidade exige do agente manipulador, mago ou feiticeiro atributos como destreza mental, disciplina dos pensamentos e conhecimento de certas leis que regem a ação sobre os fluidos, os elementos sutis e as formas-pensamento.

A magia, sob esse aspecto, nada mais é do que a habilidade mental de causar um fenômeno a partir da manipulação de certas leis ignoradas pelo não iniciado.[5] O mago, o feiticeiro e o xamã podem ser considerados colegas dos modernos cientistas, médicos e pesquisadores que trabalham nos laboratórios da época atual, uma vez que a diferença mais marcante entre eles é apenas a formação cultural e acadêmica com seus respectivos métodos e instrumentos de trabalho.

[5] "Algumas pessoas dispõem de grande força magnética, de que podem fazer mau uso (...). Os fatos que citam, como prova da existência desse poder [mágico], *são fatos naturais*, mal observados e sobretudo mal compreendidos" (ibidem, p. 344, item 552. Grifo nosso).

6 Então podemos entender que, no que tange aos cientistas e àqueles identificados com as academias da Terra, seus instrumentos são mais visíveis e palpáveis do que aqueles empregados por magos e feiticeiros?

NO CASO de magos cuja iniciação se processou nos grandes templos da Antiguidade e que hoje se encontram no plano extrafísico, em sua maioria, seus instrumentos de trabalho são o pensamento, a emoção e a vontade. Com essa instrumentalidade básica, impalpável, invisível — porém, perfeitamente perceptível em seus efeitos —, o mago poderá manipular certas forças da natureza utilizando sua ciência oculta, atingindo objetivos que poderão ser classificados como benignos ou malignos, de acordo com a ética e o sentido que o mago empresta a sua caminhada. O mesmo se verifica na aplicação que os cientistas da Terra dão a suas descobertas.

Entretanto, ao analisarmos o feiticeiro que se disfarça sob nomes pomposos, títulos iniciáticos e uma hierarquia concebida para iludir aqueles a quem pretende dominar espiritual, emocional e mentalmente, surgem aspectos ligeiramente distintos. O feiticeiro precisa de elementos novos, que o mago verdadeiro e desencarnado dispensa. Ao manejar elementos da feitiçaria, aquele que se torna agente de tais forças necessita de artefatos materiais, palpáveis e concretos, além de um sem-número de símbolos que se transformam em ponte entre o feiticeiro e o objetivo visado. Junte-se a esses símbolos toda uma ritualística que o feiticeiro cria, sem a qual ele não obtém o efeito desejado.

7 *Como podemos compreender a necessidade do ritual nos processos de feitiçaria?*

O RITUAL serve ao feiticeiro como mola propulsora, como um apêndice ou muleta psíquica, de maneira que consiga arregimentar e aumentar sua força mental e emocional. Funciona como um catalisador, de que lança mão para atingir seus objetivos.

Podem ser usadas desde práticas bastante simples, como o acender de uma vela, até outras bem complexas, que denotam mais e mais as graves exigências a que o feiticeiro é submetido, por parte de seus comparsas desencarnados. Requintes de crueldade e situações macabras, com o uso de sangue e outros elementos próprios do culto a que se afeiçoa o agente manipulador de energias, são alguns dos exemplos observados.

O ritual nada mais é do que um conjunto de práticas que devem ser seguidas de maneira precisa, com a finalidade de concentrar, despertar, focar e amplificar a energia mental e emocional, de conformidade com a meta a ser atingida. É considerado importante ferramenta que o feiticeiro usa para manipular, desencadear, criar e alterar algumas forças nos planos astral e físico, tanto quanto na dimensão etérica.

Quanto mais os objetivos sejam de ordem material, mais o ritual adquire necessidade do uso cerimonial de objetos externos, como vestimentas especiais, instrumentos físicos e materiais, oferendas e outros produtos de barganha, com os quais se pretende invocar certas forças da natureza ou os seres que a elas se afeiçoam.

Muita gente desavisada lê uns poucos livros de feitiçaria, cumpre a iniciação de algum culto diferente ou exótico e quer, apenas com o conhecimento assim obtido, ter o poder de manipular e despertar tais energias. Quando muito, na maior parte das vezes, torna-se um poço cheio de informação, mas não detém a força em si; não consegue obter resultados nem em sua própria vida, que dirá naquelas que pretende ajudar ou nas quais espera interferir. Para comprovar como isso é verdadeiro, basta observar como a vida dessas pessoas apresenta-se desorganizada, elas próprias necessitadas da ajuda urgente de outros. Quando não, na incapacidade de pôr em funcionamento as energias que pretendem, acabam abusando de uma posição que arrogam a si e que não conquistaram, manipulando todos ao redor; vivem de suas práticas, de sua religião, argumentando que têm uma missão e que não podem trabalhar como os demais, devido a sua tarefa espiritual. Curioso é que, em pleno século XXI, ainda existam pessoas que acreditam nesse tipo de enredo, de engodo inventado pelo manipulador. Figura carismática, normalmente se reveste de uma aura especial, de títulos pomposos e iniciáticos para mais facilmente viver à custa de pessoas de boa vontade e de fé mais simples, menos criteriosa.

8 *Por que o simbolismo é tão essencial à prática de magia negra, feitiçaria e rituais iniciáticos de algumas religiões?*

O SIMBOLISMO de certos rituais, do uso de velas, sinais cabalísticos e outras ferramentas do culto iniciático operam no inconsciente do ser, visando despertar certas forças adormecidas. Regra geral, sem esses apetrechos do culto, o feiticeiro, *magista* ou iniciado não conseguiria resposta minimamente satisfatória, no que concerne à sua concentração. Em outros casos, práticas e materiais ritualísticos servem também para mascarar a falta de força espiritual daquele que se esconde por trás de gestos chamativos ou pitorescos, símbolos e ritos extravagantes e perfeitamente dispensáveis se porventura o iniciado cultivasse qualquer traço de compromisso espiritual.

Na maioria das vezes, as pessoas que adotam instrumentos desse tipo costumam dizer que é uma necessidade imposta pelo espírito que dirige suas atividades, quando, na realidade, é uma necessidade *da pessoa*, e não do ser extrafísico. A menos que o tal ser espiritual seja tão limitado em suas ações quanto aquele de quem se vale, como médium. Nessa hipótese, ambos necessitam muito mais de orações do que da parafernália utilizada para alcançar os fins desejados.

Em muitos casos, o exagero de rituais, ritos e extravagâncias variadas tem também como objetivo conduzir os espectadores, tanto quem encomendou quanto os participantes da feitiçaria, a um estado mental e emocional favorável à captação de fluidos por parte do agente manipulador e de seus comparsas. Auxiliares invisíveis, desencarnados, capturam as energias mentais e emocionais dos envolvidos, adensando-as de conformidade com a oferta e a intensidade dos pensamentos negativos, malévolos e desejosos de vingança, a fim de apurar a matéria-prima e elaborar o produto com o qual o alvo mental será alvejado.

Além disso, a pessoa impressionada pelo uso místico e indiscriminado de tantos instrumentos de trabalho fica mais vulnerável, pagando altas somas pela complexidade do feitiço, correspondendo, assim, ao desejo de quem o executa.

9 *Que pensar das pessoas que se valem de títulos para se posicionar como a figura central de seus cultos, de suas religiões, como se fossem* os escolhidos *para dirigir aquela comunidade? Foram efetivamente preparados para orientar o grupo de adeptos?*

NA COMUNIDADE espiritual da qual faço parte, consideram-se títulos e posições sacerdotais como máscara para encobrir a verdadeira situação do espírito que lança mão de tais recursos, que é de mendicância espiritual.

Ao aportar do lado de cá da vida, a maioria das pessoas que, ao longo da existência, escondeu-se atrás de títulos e posições hierárquicas, ou se projetou como sacerdote de diversas religiões e seitas da Terra, traz estampada na fisionomia espiritual a situação lamentável de seu espírito, que requer socorro imediato e mais intenso do que os consulentes e eventuais clientes que a procuraram durante a existência física.

Comumente, trata-se de espíritos que pretendem resolver os problemas alheios, orientar os desorientados, enquanto eles próprios se perdem nos problemas pessoais, nas dificuldades íntimas, emocionais, espirituais. Como se pode deduzir, são características que revelam almas comprometidas com o poder, com o domínio das consciências e que, com raras exceções, abusam da posição que gozam no âmbito de suas comunidades, almejando viver à sombra de privilégios. Quanto maior o número de títulos e iniciações e mais *status* pretendem acumular e divulgar a respeito de si mesmos, mais necessitados são de misericórdia e de orações; denotam avançado estado de calamidade espiritual. Ao cruzar para o lado de cá, apresentam lamentáveis quadros obsessivos e paranoicos, devido ao mau uso ou abuso do poder que amealharam e usufruíram entre os integrantes de sua comunidade.

10 *Em função do que foi dito até aqui, como podemos nos preservar contra os malefícios da magia negra, da feitiçaria e de outros métodos que visam prejudicar o ser humano através da manipulação energética e magnética?*

Por mais que meus filhos tenham avançado na descoberta e na experimentação de novas técnicas de abordagem das questões relativas à espiritualidade, minha posição ainda é a defesa dos métodos empregados por Nosso Senhor Jesus Cristo quando se viu assaltado pelas forças das trevas. Orar ainda é o melhor remédio contra as investidas do mal. Além de o poder da oração nos elevar à conexão direta com a força suprema que rege o universo, à qual chamamos Deus e Pai, uma vivência sadia, de acordo com os ensinamentos de Nosso Senhor em seu Evangelho, faz com que se erga um tipo de aura ou barreira em torno de nós, dificilmente permeável aos ataques dos representantes do mal. Naturalmente, não falo a respeito de uma vida dissimulada, que seria incoerente com a proposta de renovação do Evangelho. Entretanto, uma vez que nós ainda não conquistamos uma vivência superior, com o máximo de fidelidade à política divina expressa nas palavras de Cristo, ao menos se espera de cada um de nós uma postura coerente com os ideais que afirmamos professar. Eis a receita mais segura e eficiente para evitar abordagens indesejáveis de caráter extrafísico ou energético.

Técnicas existem que auxiliam em maior ou

menor grau o desmanche da magia, da feitiçaria e de seus derivados — é a chamada *antigoécia*. Contudo, é forçoso reconhecer que somente a revisão dos valores, a adoção de uma postura íntima sadia, a vivência superior baseada nos princípios e fundamentos do Evangelho produzirão em torno da criatura humana um escudo de altíssima potência contra as tempestades energéticas que vez ou outra visitam meus filhos em sua trajetória pelo mundo.

CAPÍTULO
2
Mente enferma

"

Basta que o Espírito pense uma coisa, para que esta se produza, como basta que modele uma ária, para que esta repercuta na atmosfera. (...) Por análogo efeito, o pensamento do Espírito cria fluidicamente os objetos que ele esteja habituado a usar. (...) Para o Espírito, que é, também ele, fluídico, esses objetos fluídicos são tão reais, como o eram, no estado material, para o homem vivo; mas, pela razão de serem criações do pensamento, a existência deles é tão fugitiva quanto a deste.

"

ALLAN KARDEC[1]

[1] KARDEC. *A gênese*... Op. cit. p. 360-361, cap. 14, item 14.

11 AO SE *considerar a questão energética, talvez o primeiro tema que venha à mente são as energias que circundam nossas auras e certas situações com as quais convivemos, como, por exemplo, a desvitalização. Tendo isso em vista, como evitar que outras pessoas suguem nossas energias?*

O PROBLEMA maior, meu filho, não é como evitar que lhe roubem ou suguem energias, mas, sobretudo, como você se deixa vampirizar, ser roubado, e não atenta para isso! A postura interna de meus filhos é que os predispõe ao escape de fluidos vitais. As atitudes, a desordem emocional, o pessimismo, a falta de cuidado consigo mesmos, no que tange à saúde energética e à seleção de ambientes e pessoas com as quais convivem, são fatores que desencadeiam o processo de roubo de vitalidade. Por isso, vejo como algo digno em que meditar com extrema urgência: qual postura interna você tem adotado que favorece o fenômeno de perda, roubo ou vampirização energética? Não se pode jogar toda a culpa nos outros, como se meus filhos vivessem num mundo onde só há ladrões prontos a dar o golpe.

Note, meu filho, que você mesmo pode ser vampiro de emoções; ou mesmo, depois de certos comportamentos infelizes, provocar uma abertura em sua aura — fato que pode ser classificado como rompimento da tela etérica, a qual delimita e envolve a estrutura psicobiofísica do ser humano. Essa ruptura propicia o escoamento de reservas vitais. Muitas vezes, episódios de fuga energética podem ser mal interpretados, dando a impressão de tratar-se de franco processo de vampirização. Mas há diferença entre roubo e perda de energia.

Portanto, quero instigar à procura da causa, que com frequência permanece escondida atrás daquilo que meus filhos traduzem, talvez apressadamente, como apropriação de fluidos vitais. Quem sabe poderão encontrar em si mesmos, em suas atitudes e comportamentos, a gênese de todo o mal que pretendem erradicar? Minha sugestão é que se faça uma crítica sem autopiedade. Possivelmente, concluirão que a maioria das vezes que julgam ter perdido vitalidade o que ocorreu foi a adoção de atitudes e hábitos destrutivos, que sabotam a própria saúde energética, emocional e espiritual.

Cada um de meus filhos é arquiteto de sua felicidade, de seu bem-estar emocional, de sua qualidade de vida — ou da falta dela. Afirmativas como essa têm sido repetidas por muitas pessoas, mas permanecem como uma verdade ainda não introjetada.

Antes de questionar como evitar o roubo de energias, é preciso averiguar em que medida meu filho tem adotado um tipo de vida e vivido experiências que o deixam vulnerável. Afinal, é lógico supor que, se alguém está se apropriando de sua vitalidade, talvez você esteja abrindo campo para que isso ocorra. Caso se dedique a conhecer suas fraquezas, seus hábitos negativos, pontos fracos e sistemas de autoboicote, então será mais fácil estabelecer métodos próprios de autodefesa psíquica. O conhecimento dos mecanismos internos de autossabotagem lhe dará forças para reestruturar aquilo que merece ser reciclado em suas experiências, bem como para fortalecer suas posturas saudáveis e, por conseguinte, impedir ou diminuir as perdas energéticas de grande expressão.

Diversos elementos podem ser utilizados a fim de revitalizar-se e de impedir perdas e roubos de energias. Contudo, ervas, salmos, banhos, florais e tantos outros métodos, por mais eficazes que pareçam, não serão suficientes se você não promover uma reeducação emocional e mental. Nenhuma força externa substituirá aquela que deve partir de seu interior, à medida que meu filho avançar na cirurgia da alma, usando o bisturi da vontade para modificar a estrutura de vida que por vezes adota e que a ninguém cabe mudar, a não ser você mesmo. Por mais que se reconheçam o potencial e a eficiência de métodos variados de reposição energética, sem que você sele a brecha criada pelo comportamento e pelos hábitos adquiridos ao longo dos anos, nada adiantarão as terapias utilizadas; serão apenas paliativos.

12 *Vamos falar a respeito da chamada lei de retorno. De que maneira os fluidos densos de um trabalho de feitiçaria ou magia aderem ao perispírito da própria pessoa que pratica tais atos? Podemos ter mais informações a respeito?*

PODEMOS descrever o perispírito como um corpo elástico e moldável ao extremo, de natureza absorvente, cuja constituição talvez se compare a uma espécie de tecido finíssimo, algo vaporoso, translúcido, de um material precioso e pouquíssimo comum, de tão delicado. Ao travar contato e ser veículo de emissões de frequência mais alta, oriundas de atitudes como amor, fraternidade, amizade e demais virtudes, o corpo espiritual se sutiliza e, ainda em maior grau, transforma-se em algo muitíssimo vaporoso e transparente, elevando-se à atmosfera com a máxima facilidade[2] e, por conseguinte,

[2] "Envolve-o [o espírito] uma substância, *vaporosa* para os teus olhos, mas ainda bastante grosseira para nós; assaz vaporosa, entretanto, para poder elevar-se na atmosfera e transportar-se aonde queira" (KARDEC. *O livro dos espíritos*. Op. cit. p. 115, item 93. Grifo nosso).

aos mundos superiores, devido ao grau de pureza que adquire. De maneira oposta, quando vive em meio a hábitos nocivos, vícios e paixões degradantes; quando é cercado de vibrações de desregramento e de condutas imorais, que excedem limites de modo indiscriminado e violento; quando se torna repleto de elementos prejudiciais irradiados pelo comportamento, pelos pensamentos e pelas emoções do ser, então se aderem à delicada tessitura do perispírito nódoas e fuligens de natureza fluídica, que se assemelham a manchas de graxa.

Às formas perniciosas se somam os parasitas energéticos, que passam a sorver os riquíssimos elementos da estrutura do corpo perispiritual e, cedo ou tarde, acabam por torná-lo denso e opaco. Nesse quadro mórbido, os centros de força embotam-se de tal maneira que ficam comprometidos em sua função de transformadores vivos de energia. O sistema nervoso, por sua vez, também se ressente, canalizando certas enfermidades da alma e apresentando efeitos perceptíveis, tais como ansiedade, irritabilidade, depressão, distúrbios do sono, desânimo, baixa de vitalidade, entre outros.

De todo modo, meu filho, esses focos parasitários não permanecem para sempre aderidos à estrutura perispiritual. Em dado momento, serão drenados para o veículo carnal, que funciona como mata-borrão do espírito. No decorrer desse processo, é natural que enfermidades de diversos matizes acometam o corpo físico, as quais nada mais são do que drenos poderosos para que energias malsãs possam ser liberadas tanto do perispírito quanto do duplo etérico. Quando os apelos do bom senso, do Evangelho e da vida falham, surgem as enfermidades, que, muitas vezes, constituem drenos naturais. Quando estas também não surtem o efeito esperado, a morte aparece, com força total, levando o corpo físico para a sepultura e mantendo o espírito ligado aos despojos carnais por longo tempo, em inúmeros casos — principalmente entre aqueles que praticam feitiçaria, vampirismo deliberado ou são dependentes químicos. Tal fato não é mera punição divina, como alguns podem pensar; decorre da necessidade do espírito de esgotar as substâncias nocivas junto à terra, que absorve, em processo doloroso, os fluidos tóxicos acumulados nos corpos energéticos durante a existência física.

Dessa forma, a prática da feitiçaria, o descaso com a vida animal, levado a cabo em muitos cultos que têm por finalidade a vingança e a promoção de maldades, assim como o apego a expressões grosseiras da matéria, poderão, no futuro, manter o espírito prisioneiro no mesmo albergue do corpo, porém após a morte. Em meio à terra, viverá dolorosos processos de expurgo enquanto vermes e microorganismos se alimentam da matéria em decomposição; de modo análogo, em âmbito extrafísico, criaturas próprias dessa dimensão são atraídas pelos fluidos densos que o corpo apodrecido exala, e vão liberando tais energias no interior do planeta. Todo o processo é amplamente presenciado e sentido pelo espírito após o desencarne.

Logo após, desligado em algum momento dos despojos carnais, tem início nova etapa de decantação e expurgo das vibrações nocivas. O espírito é atraído para a chamada lama astral, encontrada nos charcos do umbral, a qual costuma ter efeito mais profundo sobre o perispírito. Embora doloroso para quem o experimenta, é de grande utilidade, pois que absorve os últimos resíduos tóxicos que ficaram entranhados na delicada estrutura perispiritual.

Durante a vida física, enfermidades severas se manifestam com o objetivo de auxiliar ou antecipar esse saneamento do corpo astral, que forçosamente expelirá os fluidos tóxicos acumulados em si como consequência do tipo de vida, dos hábitos e dos vícios do indivíduo. Eis uma das razões pelas quais diversas enfermidades não podem, em hipótese alguma, ser curadas, mesmo através de intervenção, cirurgia ou tratamento espiritual. Em grande parte, constituem recursos da natureza para extirpar e expulsar do perispírito a carga perniciosa cultivada pela pessoa ao longo da vida, ou trazida de outras vidas, e que deve ser liberada na vivência atual. Certas doenças cumprem o papel de livrar o corpo espiritual do peso de unidades desorganizadoras de sua estrutura íntima.

13 *Como podemos identificar a pessoa portadora de uma personalidade vampiresca, a fim de nos precavermos contra o roubo de energias?*

As PERSONALIDADES vampirescas, algumas vezes, escondem-se em corpos belos e maquiados pela aparência elegante e charmosa, que atrai, magnetiza e, também por isso, torna-se ferramenta eficiente para sugar as energias caras ao equilíbrio e à saúde de meus filhos.

São pessoas que se achegam de maneira a causar incômodo, seja devido à proximidade física excessiva — grudando-se mesmo, em alguns casos, naqueles de quem roubam fluidos —, seja pela insistência com que abordam e fazem exigências ao outro, frequentemente com uma postura que caracteriza abuso, desrespeito e falta de noção de limite. Gostam de abraçar por longo tempo, alisar e passar as mãos nas costas das pessoas, ao longo da coluna vertebral, num processo típico e eficaz, embora quase inconsciente, de extrair energias do centro nervoso da "vítima". Como é de se esperar, apresentam quadro emocional complexo.

Primeiro, há aqueles que usam as próprias emoções para efetuar o roubo de energia. Atacam sua "presa" pelo lado sentimental, exagerando as próprias questões emocionais, ampliando a dimensão de seus conflitos, de modo a aproveitar toda situação para se mostrarem como vítimas de alguém, da vida, do destino. Podem ser chamados de vítimas sociais.

Outros, mais requintados em sua maneira de agir, aproximam-se aparentando sofrimento, de maneira a despertar nas pessoas ao redor a comiseração, a vontade de ajudá-los, causando estrago considerável em sua estrutura energética. É um tipo de vampirismo que ataca pelo lado da ternura e da compaixão que incitam no outro, não raro explorando o sentimento de culpa de quem cai em sua rede.

Em terceiro lugar, existem aqueles que são aparentemente espiritualizados, que conversam o tempo todo sobre espiritualidade e encontram defeito em quase tudo e todos. É comum que se afastem dos familiares e reduzam significativamente o número de amigos, pois querem se dedicar a assuntos espirituais. Consideram o envolvimento social como algo indesejável e evitam ao máximo entrar em contato com qualquer coisa que não esteja de acordo com seu ponto de vista de espiritualidade. Não há quem os suporte, pois que, sem ao menos saberem, sugam vorazmente as reservas psíquicas e mentais daqueles com quem convivem. Tornam-se intragáveis socialmente e quase imprestáveis para se relacionar, a não ser com pares que comunguem de sua ótica exagerada e fanática da vida espiritual — embora essas relações tendam a se tornar sufocantes e ter duração mais ou menos curta. Nos momentos de reunião familiar, costumam ficar afastados, a pretexto de meditar; evitam o contato sadio com as emoções daqueles que compõem o núcleo doméstico. Enxergam peso vibratório em tudo e todos e são exímios observadores do comportamento alheio.

Em diversas outras personalidades vampirescas, encontramos sempre um ponto que usam e em que se prendem a fim de despertar comiseração, pena e dó no próximo. Lançam mão de inúmeros artifícios, visando se aproveitar ao máximo das energias das pessoas que, ao contato com tais personalidades, saem exauridas, apresentando dor de cabeça, corpo dolorido e sensação de peso nas pernas. Em casos mais extremos, chegam a provocar incômodo na região genital, no baixo ventre e na espinha dorsal, pois absorvem toda a cota de vitalidade daqueles com os quais convivem ou elegem como vítimas de sua sede de energia.

14 *Em certos estabelecimentos onde normalmente há aglomeração de pessoas, como boates, bares e casas noturnas, a quantidade de parasitas parece ser mais intensa que em outros lugares. Nesses ambientes encontramos necessariamente energias densas e contagiosas ou somente em alguns deles?*

INVARIAVELMENTE encontramos uma quantidade enorme de parasitas energéticos, criações mentais enfermiças e estruturas astrais altamente contagiosas, além de espíritos na mesma condição dos frequentadores, em locais com as características a seguir. Ambientes fechados, nos quais a luz do sol jamais penetra, vedando a higienização da atmosfera fluídica; estabelecimentos que só abrem ao anoitecer e cuja característica atrai portadores de diversos vícios, fomentando a ociosidade improdutiva — em oposição ao lazer — e o consumo de substâncias tóxicas, combinando ainda música estridente, comportamentos bizarros, imorais e até mesmo degradantes; zonas de prostituição e salas escuras onde o sexo é praticado sem nenhum escrúpulo, qualidade ou respeito; lugares onde se reúnem massas de pessoas com objetivos os mais variados, mas sempre voltados para o interesse individual, avesso ao altruísmo, para a busca pelo prazer puramente sensorial e material, em que predomina o uso indiscriminado de drogas ilícitas, fumo e álcool.

Meus filhos não pretendem que nesses ambientes se encontrem mentores ou espíritos elevados protegendo os frequentadores, não é mesmo? Portanto, não podemos mascarar a realidade, querendo parecer caridosos, mas na verdade sendo coniventes com os comportamentos abusivos e destrutivos que, em locais do gênero, constituem a regra e são considerados comuns. Não há como permanecer em tais lugares e deles sair sem que a estrutura etérica, astral e mental esteja infestada de formas-pensamento não somente negativas, porém, sobretudo, destrutivas, tóxicas e de baixíssima frequência espiritual.

Em minha pequenez espiritual, também desconheço quem entre nesses ambientes, mesmo que em razão do trabalho profissional, e deles não saia sem ao menos uma companhia espiritual de baixíssimo padrão energético, ou seja, alguém especialista em roubo de vitalidade e vampirismo. São estabelecimentos tão infectados por vibrações densas e infestados de frequentadores desencarnados altamente perturbados, que nem mesmo os guardiões, peritos no trato com seres dessa categoria, conseguem atuar enquanto os humanos ali permanecem, usufruindo da sua "nobre" diversão.

Esporadicamente, quando requisitados para uma tarefa especial e por ordem superior, os guardiões dirigem-se a esses locais, porém costumam fazê-lo somente depois que o lugar fecha para os encarnados, ao fim do expediente. Esse é o momento em que a maioria dos desencarnados ali presentes partiu, ainda que em caráter temporário, na companhia daqueles que ali compareceram. Algo semelhante se dá com as formas mentais suspensas na atmosfera astral do lugar: diminuem em densidade, pois que a maior parte aderiu à aura dos clientes. É somente então que espíritos capacitados a lidar com energias tão densas ali penetram, embora com toda a precaução e o máximo de segurança possível; do contrário, eles próprios, os guardiões, correriam grave risco ao se expor às formas mentais e emocionais que restam no ambiente, o que o mantém sobremodo insalubre e perigoso.

15 *Como os parasitas energéticos afetam o ser humano e em que regiões ou órgãos eles atuam com maior intensidade?*

Essas energias malsãs ou criações mentais agem de acordo com a fragilidade deste ou daquele organismo humano.

Em alguns, a concentração de formas-pensamento desorganizadas e de natureza vampiresca alojam-se na região correspondente ao córtex cerebral e nas próprias sinapses, absorvendo as energias que transitam pela área encefálica. Causam diversos distúrbios do sono, acompanhados de uma espécie de inquietação, o que ocasiona um aumento substancial de preocupações, na maioria das vezes à noite, quando a pessoa deveria estar repousando. O centro cerebral e o chacra coronário são especialmente visados, de modo que esse importante núcleo de energias sublimes perde gradativamente a capacidade de transmutação das energias superiores que irrigam a estrutura energética humana. É natural que, a partir de então, certas funções regidas pelo chacra coronário passem a transcorrer com anormalidade. Acentuam-se fenômenos como piora da capacidade de concentração, perda de memória e maior dificuldade para lembrar-se de fatos, lugares, números e outros aspectos associados à memória atual. Esses sintomas podem estar ligados à ação de parasitas ou criações mentais e formas-pensamento daninhas absorvidas dos ambientes por onde a pessoa transita, não raras vezes sustentadas por ela.

Outro local bastante comum de se encontrar esse tipo energético é na ramificação do sistema nervoso ao longo da coluna vertebral. Aí a ação do componente parasitário se faz sentir por meio de irritabilidade, agressividade, ansiedade e, em alguma medida, através de alguns tiques nervosos que o indivíduo passa a apresentar, a partir de dado momento em que entra em sintonia vibratória com tais seres de natureza energética e astral ou com as criações mentais enfermiças.

Além dessas áreas, veremos com relativa

frequência essas formas perniciosas acometerem o plexo solar do encarnado, provocando e acentuando desarmonias e descontroles emocionais algumas vezes já existentes. Mudança constante de humor, sentimento de culpa e inferioridade, aumento de medos e fobias, sensação de abandono, perda de vitalidade e melancolia são apenas alguns dos efeitos que podemos atribuir à ação de parasitas na delicada estrutura do duplo etérico tanto quanto do perispírito de meus filhos.

Infelizmente, tornou-se comum aos habitantes do planeta Terra, principalmente aos mais jovens, a frequência a lugares onde proliferam criações mentais e emocionais de teor parasita. Ambientes onde muita gente se acotovela, onde se reúnem pessoas perturbadas e sem nenhum ideal nobre, onde o uso de drogas em larga escala é consentido e considerado normal são alguns exemplos de locais em que parasitas energéticos são criados e mantidos pelos pensamentos e emoções dos encarnados e onde, na maioria das vezes, pessoas adquirem o quadro de contaminação fluídica.[3]

[3] "A permanência da mente invigilante na sombra do magnetismo

16 Os parasitas astrais ou energéticos podem ser eliminados da aura do indivíduo? Em caso afirmativo, como proceder visando à limpeza energética eficaz?

A MAIS EFICAZ limpeza energética consiste em um comportamento coerente com o conselho evangélico: "Vigiai e orai".[4] No entanto, como a grande maioria dos encarnados ainda não despertou para a vivência sadia baseada nos princípios vividos e apregoados por Cristo, naturalmente ficam à mercê de energias mais densas, de acordo com seu comportamento e a lei de afinidade.

inferior faz com que sejam estruturadas formas fluídicas de larvas e vírus, bactérias e miasmas, que infestam as auras dos nossos companheiros encarnados. Materializam-se, por assim dizer, as criações mentais" (PINHEIRO. *Além da matéria.* Contagem: Casa dos Espíritos, 2008, p. 108. Todo o capítulo trata do tema *contaminação fluídica*).

[4] Mc 14:38 (similar em Mt 26:41; Lc 21:36). Todas as citações bíblicas são extraídas da fonte a seguir, exceto quando indicado em contrário (BÍBLIA de referência Thompson. Edição contemporânea de Almeida. São Paulo: Vida, 1995).

Antes de tudo, é preciso notar que há pessoas que até se sentem bem com os efeitos daninhos de parasitas energéticos em sua aura e os acham normais. Porém, para aqueles que desejam liberar essa energia prejudicial de sua atmosfera mental, o contato com recantos da natureza é, entre todos os recursos, o mais simples e acessível. Se classificarmos os métodos pela eficácia, o magnetismo é a ferramenta mais adequada para promover uma higienização intensa, que atinja camadas mais profundas e, por isso, apresenta caráter mais duradouro. Na hipótese de conjugar os dois métodos, teremos uma terapêutica muitíssimo avançada no combate aos distúrbios causados pela ação de parasitas e outras formas de energia de caráter deletério.

Não obstante, ao examinarmos o potencial da natureza, não basta comparecer à praia, às montanhas e cachoeiras da maneira como habitualmente se faz em períodos de festas, diversão ou *curtição*, segundo alguns dizem. A postura interna e o objetivo de meus filhos ao usufruir do contato íntimo com as fontes naturais constituem certa predisposição, a qual determinará que suas auras possam liberar uma cota considerável desse tipo de criação mental a que nos referimos.

Além disso, a manutenção de um estado emocional e mental superior ou minimamente saudável fará com que se possa diminuir de maneira significativa — ou até mesmo eliminar — a crosta de energias e formas-pensamento de caráter nocivo. Mudança de hábitos e substituição dos antigos costumes por outros, de maior qualidade e respeito consigo próprio; reeducação do pensamento, de modo a criar nova egrégora,[5] mais otimista, positiva e elevada; elaboração de emoções mais saudáveis e abandono de atitudes destrutivas — a busca por um tipo de vida mais harmonioso é uma ótima forma de manter-se ao abrigo de eventuais sugadores de energias.

É claro que existem outras práticas que auxiliam meus filhos a se livrar de alguns tipos de

[5] Ao convidar os cristãos à renovação e ao trabalho, a epístola aos hebreus cita uma expressão que pode ser interpretada como uma alusão à egrégora de pensamentos criada pela mente humana: "Visto que nós também *estamos rodeados de tão grande nuvem* de testemunhas, deixemos todo embaraço, e o pecado que tão de perto nos rodeia, e corramos com perseverança a carreira que nos está proposta" (Hb 12:1. Grifo nosso).

energia densa, ou mesmo a promover uma higienização mais ou menos intensa; no entanto, qualquer método que não leve em conta a necessidade de renovação ou de reeducação mental e emocional irá falhar — ao menos, terá efeito bastante fugaz. Sem a manutenção de uma vivência sadia, de nada adiantará submeter-se a este ou àquele tipo de limpeza energética, pois logo se regressará à situação anterior.

17 *Há como detectar de maneira confiável a presença de parasitas astrais e formas-pensamento deletérias na aura humana?*

Perfeitamente! Segundo o aforismo popular, pelos efeitos se pode reportar às causas. Basta conhecer com algum detalhe a fisiologia energética humana, a ação dos elementos energéticos daninhos no sistema nervoso e os chacras e, assim, pode-se chegar a um diagnóstico muito acertado no que tange a sua ação sobre o indivíduo. Além disso, a ciência humana tem desenvolvido algumas ferramentas que facilitam o diagnóstico com precisão. É preciso apenas observar que é de grande valia cercar-se de experiência e conhecimento — além de, na medida do possível, boa dose de bom senso —, evitando descambar para o misticismo e as práticas indevidas. A pessoa em busca desse tipo de diagnóstico acerca da saúde energética deve ter em conta que existem incontáveis charlatões disfarçados de civilidade e espiritualidade, que vestem mantos de santificação. Para encontrar alguém idôneo, nada mais sábio do que se reportar ao pensamento de Cristo: "Toda árvore é reconhecida por seus frutos. Ninguém colhe figos de espinheiros, nem uvas de ervas daninhas".[6]

18 *Toda criação mental enfermiça assume o aspecto de larva, inseto ou alguma criatura peçonhenta, como certas espécies de aranha e escorpião? Nesse caso, os médiuns videntes podem ver essas formas de vida artificial?*

NORMALMENTE, a mente do ser humano dá for-

[6] Lc 6:44 (BÍBLIA de referência Thompson. Nova Versão Internacional. São Paulo: Vida, 1995).

ma àquilo que capta das dimensões próximas daquela onde está temporariamente albergado, de acordo com ideias e conceitos universalmente admitidos, que constituem algo que pode ser denominado inconsciente coletivo. É natural que a mente humana molde, nos fluidos em torno de si, imagens degradantes e repulsivas ou elevadas, dependendo de como estão arquivadas e catalogadas[7] em sua memória espiritual milenar.

As imagens projetadas pela mente humana no ambiente astral ou etérico, quando associadas a sentimentos como culpa, vergonha, inveja, avareza e outros mais, apresentam características as mais bizarras e até repugnantes; não vemos somente larvas, répteis, insetos ou animais peçonhentos. Muitas das estranhas formas possuem um significado particular, de acordo com a mente enfermiça que a gerou. Notamos criações verdadeiramente inusitadas gravitando em torno de indivíduos que consomem drogas com

[7] É interessante reparar que o processo a que se refere o autor espiritual envolve um fator cultural, um juízo de valor sobre as criaturas da natureza, não deliberado, elaborado inconscientemente ao longo da evolução. Por exemplo: nenhum outro inseto desperta

regularidade, as quais dificilmente encontram correspondência com algum animal da Terra.

Os usuários de maconha, por exemplo, costumam estampar em torno de sua aura algo que lembra um polvo, mas com formações horripilantes no lugar dos tentáculos. A forma de vida astral, que é originada e mantida pela mente do indivíduo, agrega-se ao perispírito hospedeiro e, com seus membros, invade a estrutura do duplo etérico, corroendo e alimentando-se do ectoplasma ou dos fluidos vitais ali armazenados. Com o passar do tempo, esse corpo apresentará rasgos ou arrombamentos em sua constituição, através dos quais se estabelece uma perda quase incessante de energias. Alimentada pelo vício continuado, essa espécie atroz de polvo rompe as defesas do duplo — a tela etérica —, provocando efeitos análogos ao que se vê com o rompimento da camada de ozônio do planeta. Se a

reações semelhantes àquelas que baratas costumam provocar; o mesmo se dá com ratos, em relação aos demais roedores, embora paradoxalmente a indústria cultural os retrate de forma a despertar uma simpatia que destoa do sentimento ordinário que evocam (veja-se Tom & Jerry e Mickey Mouse, entre outros exemplos).

pessoa é frequentadora de ambientes com ruídos extremos, que ainda por cima não recebem a bênção da luz solar, a criação mental se fortalece mais rapidamente, por meio dos impulsos magnéticos que absorve do local insalubre. O estranho parasita aumenta seriamente o desejo do hospedeiro de retornar a lugares desse tipo, pois que também dali extrai fluidos vitais que o nutrem e o mantêm vivo, embora seja uma vida artificial e temporária.

Sob determinada ótica, podem-se classificar intrusões psíquicas e mentais desse gênero como feitiços que a pessoa faz para si mesma, os quais acarretam danos consideráveis. É o auto-enfeitiçamento.

O dependente de *crack* ou cocaína, por outro lado, cria uma estrutura astral ou forma-pensamento tão estapafúrdia que não há como ser classificada ou comparada, mesmo que longinquamente, com nenhum animal conhecido. Uma espécie de fuligem de coloração marrom-escura adere à estrutura dos corpos astral e etérico, principalmente na região correspondente ao plexo solar, subindo pela coluna e envolvendo a cabeça do indivíduo, ganhando o aspecto de um ciclone, isto é, uma massa amorfa em constante movimentação espiralar. A base ou vértice desse redemoinho de energias discordantes e vampirizantes move-se pelo sistema de chacras e o envolve em torno da cabeça, especialmente o coronário e o frontal, absorvendo toda a produção energética dos centros de força superiores. E o faz com tal voracidade que o cérebro do indivíduo que alimenta o vício e a criação mental enfermiça perde completamente as defesas imunológicas da aura. Assim, o duplo etérico recebe um impacto de energias nocivas de tal magnitude que, à visão de um clarividente, é como se esse corpo acabasse por se arrebentar, apresentando brechas enormes, através das quais fluem ectoplasma e fluido vital, substâncias que podem eventualmente ser aproveitadas por espíritos especialistas em manipulá-las para fins ignóbeis. Esses são apenas alguns entre tantos casos que cito para meus filhos.

O médium clarividente, quando tem a oportunidade de observar as formas mentais criadas e mantidas pelos encarnados, nem sempre consegue reproduzir por meio de palavras o significado daquilo que percebe, faltando-lhe vocabulário específico capaz de descrever a aparência mirabolante de algumas criações mentais inferiores.

19 *As formas ou criações mentais, egrégoras ou formas-pensamento podem ser captadas por instrumentos físicos ou fotografadas?*

A CIÊNCIA da Terra caminha a passos largos em direção à espiritualidade, e alguns equipamentos desenvolvidos pela técnica dos encarnados conseguem captar vibrações, sons e até algumas manifestações visuais, como se fossem *flashes* da vida que viceja além dos limites da matéria densa. Contudo, é preciso ter claro que se trata de algo muito distante da dimensão onde nascem as criações mentais, isto é, o plano mental. Com certeza alguns registros meus filhos encarnados realizaram, mas, além de ser algo esporádico, eventual, foram registrados somente seus *efeitos* ou, talvez, as próprias criações, porém apenas quando ganharam densidade em planos como astral e etérico. Eu, pessoalmente, e os espíritos da realidade em que me encontro ainda estamos pesquisando sobre a ação das formas-pensamento e suas diferenças vibracionais, dependendo da faixa hertziana em que se manifestam. Mesmo aqui, deste lado da vida, não são todos os espíritos que podem ver essas formas estruturadas em matéria mental.

Formas-pensamento já foram fotografadas algumas vezes por eminentes cientistas e pesquisadores do fenômeno espírita, mas com o desgaste intenso do agente ou médium, que, ao concentrar fortemente o pensamento no material sensível que tinham em laboratório, conseguiu impressionar a chapa fotográfica.[8] Como se

[8] "A expressão 'fotografia do pensamento', parece-nos, não pode ser aplicada senão a uma parte das manifestações compreendidas nesta classe de experiências [que confirmam a realidade das imagens mentais]. (...) A chapa é diretamente impressionada, mantendo-a o experimentador na maioria dos casos colocada na fronte, e concentrando intensivamente o pensamento na imagem a exteriorizar" (BOZZANO. *Pensamento e vontade*. 11ª ed. Rio de Janeiro: FEB, 2010, p. 35). O consagrado autor (1862-1943), que durante anos se dedicou ao estudo da metapsíquica, escreve notável ensaio a respeito da percepção e captação de criações mentais, confrontando e corroborando suas teses, exaustivamente, ao longo de toda

pode ver, não é um tipo de fotografia comum, que ocorra facilmente no dia a dia de meus filhos, em condições normais da esfera física, por causa das diferenças de vibração entre a matéria densa e as demais dimensões: mental, astral e etérica.

Imagens que muitas vezes são captadas por câmeras fotográficas, que alguns acreditam ser formas-pensamento, deveriam ser submetidas a análise mais profunda, em laboratório e com profissionais capacitados. Não podem ser analisadas por uma pessoa isoladamente. Talvez, assim, meus filhos chegassem à conclusão de que efeitos luminosos produzidos pelo reflexo da luz em partículas de água ou vapor suspensas no ambiente, em contato com as lentes da câmera comum, fazem aparecer nas fotografias o que alguns tendem a confundir com formas-pensamento.[9]

a obra, com a produção bibliográfica de seu tempo, conferindo-lhe riqueza incomum, nos dias de hoje, entre os livros espíritas. Altamente recomendável, é lamentável que a edição disponível não conte nem sequer com sumário ou índice, tampouco bibliografia.

[9] Kardec já observara, em sua época, depoimentos similares, para os quais tratou de alertar os espíritas: "Não falaremos de certas

Mesmo quando o ectoplasma extravasa de maneira intensa de algum médium, o fluido exalado nem sempre consegue apresentar aspecto perceptível, a ponto de permitir à câmera captar a forma-pensamento. O ectoplasma é por demais grosseiro — se comparado à realidade mental — e, quando muito, influencia objetos e formas do mundo astral; nem tanto as do plano mental.

Portanto, não sejam místicos a ponto de querer que fenômenos simples, corriqueiros e materiais sejam reflexo de formas mentais ou formas-pensamento; tampouco atribuam tudo à ação de agentes espirituais, pois o mundo físico é repleto de fenômenos pouco conhecidos

imagens terrestres refletidas pela atmosfera, que alimentaram a superstição das pessoas ignorantes, mas de alguns outros efeitos sobre os quais até homens esclarecidos puderam enganar-se. É aí, sobretudo, que nos devemos pôr em guarda contra a ilusão, para não nos expormos a tomar por Espíritos fenômenos puramente físicos. Nem sempre o ar é perfeitamente límpido; há circunstâncias em que a agitação e as correntes de moléculas aeriformes, produzidas pelo calor, são perfeitamente visíveis. A aglomeração dessas partículas forma pequenas massas transparentes que parecem nadar no espaço e que deram lugar ao *singular sistema dos* por muita gente, inclusive por aqueles que se julgam esclarecidos. Antes de admitir hipóteses elaboradas por uma imaginação fértil e pelo fanatismo ou exagero de alguns, é bom que tudo seja submetido à pesquisa em laboratório. É preferível que meus filhos pequem pelo excesso de zelo a correrem o risco de comprometer a nobreza da doutrina espírita com observações muitas vezes pueris, que podem ser desmentidas por pesquisadores como o vento desfaz os castelos de areia das brincadeiras de criança.

20 *Há técnicas capazes de desfazer a estrutura de uma forma-pensamento indesejável que porventura esteja gravitando em torno da aura de alguém?*

Espíritos sob a forma de glóbulos. A causa dessa aparência está no próprio ar, mas também pode estar no olho. (...) Vimos certas pessoas tomarem esses discos por Espíritos familiares, que as seguiam e acompanhavam a toda parte e, em seu entusiasmo, verem figuras nos matizes da irisação" (KARDEC. *Revista espírita*. Rio de Janeiro: FEB, 2005, p. 73-74, v. III, fev. 1860. Grifo nosso).

MEUS FILHOS encontrarão no magnetismo uma ferramenta muitíssimo completa para atuar nos campos astral, etérico e mental, com grandes possibilidades de ação e eficácia. Entre as diversas técnicas, o passe de sopro, quando aplicado com habilidade e conhecimento, poderá dissipar com extrema eficiência muitas formas-pensamento que gravitam em torno de quem deseja auxílio.

Entretanto, meu filho, não basta desfazer as criações infelizes que a mente enferma, ou com pouca força de vontade para delas se livrar, agrega à própria aura. Há que criar hábitos mentais saudáveis, evitando pensamentos de revide, raiva, agressividade, revolta e outros semelhantes, que atraem, fixam ou sustentam formas-pensamento daninhas. Ou seja, a reorganização ou reeducação dos pensamentos e emoções é urgente para que meus filhos possam promover a higienização mental satisfatória. A melhor limpeza da aura é abrigar e desenvolver hábitos saudáveis, leituras nobres e edificantes, conversas construtivas, lazer sadio; em suma, um sistema de vida de máxima qualidade possível. Junte-se a isso o magnetismo curador aplicado por quem saiba manipular os fluidos magnéticos com destreza, conhecimento e certa força moral, e o resultado obtido será de grande valor.

21 *As formas-pensamento podem influenciar a saúde ou as emoções do próprio indivíduo que as gerou?*

Isso ocorre com frequência e já falamos disso na questão número 18. O pensamento desorganizado influencia a saúde a tal ponto que molda as emoções e facilita até mesmo o descenso vibratório de fluidos mórbidos acumulados no perispírito, fazendo com que se manifestem no corpo físico prematuramente. Esse fenômeno ocasiona tanto as chamadas moléstias psicossomáticas quanto outra categoria de enfermidades, cujos agentes patogênicos migram do plano astral para o corpo físico por processo de atração magnética.

Ideias pessimistas e derrotistas ou calcadas no orgulho exagerado, além de pensamentos de ódio, raiva, rancor, vingança ou, ainda, qualquer tipo de emoção deprimente, tais como angústia, ansiedade, inveja e outras semelhantes, atraem o fluido mórbido correspondente. Por processo de sintonia magnética com essas energias, produzidas no interior do organismo, os chacras são induzidos a absorver elementos do plano astral inferior, que passam a crescer e se desenvolver no corpo físico. A eclosão dos sintomas variará segundo a tenacidade e a persistência[10] do sentimento ou pensamento, bem como dependerá da sensibilidade do sujeito a esse gênero de vibrações.

Não é raro que, durante o sono, a pessoa que cultiva pensamentos e emoções de teor denso e desorganizado procure ambientes infestados por fluidos nocivos, em sintonia — novamente — ou correspondentes ao padrão mental que abriga durante a vigília. Nesses locais é ainda mais contaminada e, em número bem maior de vezes do que meus filhos imaginam, fica à mer-

[10] "Atuando esses fluidos sobre o perispírito, este, a seu turno, reage sobre o organismo material com que se acha em contato molecular. Se os eflúvios são de boa natureza, o corpo ressente uma impressão salutar; se são maus, a impressão é penosa. Se são permanentes e enérgicos, os eflúvios maus podem ocasionar desordens físicas; não é outra a causa de certas enfermidades. Os meios

cê de obsessores particulares ou é usada como cobaia de experiências macabras, levadas a cabo por espíritos com inteligência acima da média. Como se vê, não há como acusar quem quer que seja de fazer magia ou feitiço para prejudicar alguém, pois o próprio indivíduo elaborou o feitiço mental e emocional que atraiu seres com pensamentos semelhantes, que a ele se consorciaram para efetuar planos sombrios.

É claro que é mais fácil, para quem sofre a repercussão vibratória de seus próprios atos e atitudes, projetar a culpa nos outros, em algum trabalho feito ou magia, na tentativa vã de se eximir da obrigação de fazer sua parte, de se renovar intimamente ou reeducar seus pensamentos e emoções.

22 *Pessoas místicas, que alegam pressentir ambientes com energias densas ou negativas, e videntes que afirmam ver formas-pensa-*

onde superabundam os maus Espíritos são, pois, impregnados de maus fluidos que o encarnado absorve pelos poros perispiríticos (...)" (KARDEC. *A gênese*... Op. cit. p. 365, cap. 14, item 18).

mento realmente as veem e percebem ou o que descrevem ou é pura imaginação?

ANTES DE qualquer coisa, meus filhos precisam ser menos crédulos quando o assunto é vidência. Existe muita gente com más intenções ou que quer chamar atenção para si, para uma mediunidade que não tem, a fim de parecer especial; isso é uma realidade que não se pode menosprezar. Além do charlatanismo, há ainda a facilidade com que clarividentes legítimos podem se enganar quanto às percepções visuais. O codificador do espiritismo bem alertou para ambos os aspectos.[11]

As formas-pensamento não são percebidas com tanta facilidade nem mesmo pelos clarividentes verdadeiros, aqueles que realmente apresentam a faculdade. Para que elas sejam re-

[11] "Quanto aos médiuns videntes, propriamente ditos, ainda são mais raros e há muito que desconfiar dos que se inculcam possuidores dessa faculdade. É prudente não se lhes dar crédito, senão diante de provas positivas. (...) É fora de dúvida que algumas pessoas podem enganar-se de boa-fé, porém, outras podem também simular esta faculdade por amor-próprio, ou por interesse. Neste

gistradas visualmente, o sensitivo precisa entrar em estado alterado de consciência, isto é, em transe. E não é o bastante; é necessário que estabeleça ligação com uma dimensão superior, o campo mental, na qual transitam, vibram e vivem formas-pensamento transitórias ou de vida prolongada. Nessa arena dimensional é que se encontram as formas mentais, as estruturas de pensamento organizado reunidas em comunidades ou egrégoras, de acordo com a característica e o peso específico de cada qual.

Não é fácil para o encarnado, no dia a dia, ir além de sua dimensão e penetrar os domínios do imponderável e, ainda com mais propriedade, o campo mental. Portanto, meus filhos devem ficar atentos e se precaver contra indivíduos que a toda hora veem espíritos, imagens e formas mentais, como se isso fosse a coisa mais trivial do mundo. Quem realmente vê e ouve não se põe a divulgar suas percepções, feito comerciante

caso, é preciso, muito especialmente, levar em conta o caráter, a moralidade e a sinceridade habituais" (KARDEC. *O livro dos médiuns ou guia dos médiuns e dos evocadores*. 1ª ed. esp. Rio de Janeiro: FEB, 2004, p. 247, item 171).

ávido por vender seu produto. Aliás, eis um bom sinal: quando meus filhos virem pessoas falando em demasia de seus dotes parapsíquicos ou mediúnicos, ponham-se em guarda, pois na maioria das vezes são charlatães que, de alguma maneira, intentam tirar proveito da fé alheia.

23 *Pessoas mais impressionáveis tendem a ser mais afetadas do que outras por eventuais resíduos de energia densa ou parasitas encontrados em certos ambientes?*

Com frequência, meu filho, as pessoas que vivem falando em energias densas, alegando que o ambiente está pesado ou que a vibração está baixa, são as próprias causadoras desse quadro ou situação, até mesmo exalando alguma substância tóxica através de seus pensamentos e emoções. Nessa hipótese, como tais energias incomodam-nas em primeiro lugar, vivem o tempo todo ou quase sempre falando sobre o peso e a densidade dos ambientes.

Há aquelas que estão deslocadas, que não se socializam ou simplesmente nutrem algum desafeto por alguém que se encontra no mesmo ambiente. Aí inventam qualquer coisa como desculpa para deixar o local e isolar-se ainda mais; desejam induzir alguns mais a acreditar que o lugar está degradado, carece de limpeza energética e coisas do gênero.

Ainda notamos indivíduos místicos ao extremo, que assumem o papel de profetas do mau agouro, descortinando situações problemáticas, afirmando perceberem isto ou aquilo a fim de chamar a atenção para sua pretensa espiritualidade ou mediunidade.

À parte esses fatos que não podemos ignorar, tão comuns a pseudorreligiosos e fanáticos da espiritualidade, é impossível ao ser humano, em qualquer ambiente do planeta Terra, estar completamente isento de energias densas, uma vez que habitamos um planeta de provas e expiações, situação agravada por atravessarmos um momento especial, em que se reúnem seres em estado de desequilíbrio, de ambos os lados da vida. Encontrar um ambiente perfeitamente limpo dessas energias seria o mesmo que achar um local sem seres humanos encarnados e vedado a espíritos de qualquer espécie. Isso é impossível, no momento.

Sendo assim, todos são afetados, em algum grau, pelas energias discordantes. Ocorre que, quando se ultrapassa a cota suportada pelo sistema de autodefesa — isto é, a aura de meus filhos —, então se percebe com mais clareza a ação das energias daninhas. Alguns, é claro, podem captá-las em maior quantidade e intensidade. Isso se dá em duas situações básicas. De um lado, há quem se ligue mais facilmente a esse tipo de egrégora, devido aos pensamentos e emoções que alimenta, num processo de sintonia vibratória. O outro caso é quando se tem uma natureza que meus filhos denominam personalidade esponja. A própria organização energética do indivíduo é absorvente, ou seja, ele suga os fluidos ambientes sem qualquer deliberação ou esforço de sua parte. Nesse caso, não significa que alguém esteja lhe fazendo mal ou lhe direcionando uma vibração negativa; é ele mesmo, o sensitivo, quem absorve elementos de matéria sutil tanto de pessoas presentes quanto distantes, com as quais mantém ligação emocional — e muitas vezes sem o perceber, ao menos de imediato. É comum que primeiro sinta os efeitos nocivos em seu sistema nervoso e emocional para, somente depois de algum tempo, começar a compreender o processo.

24 *Métodos como banhos de cachoeira e de mar, entre outros recursos que a natureza oferece, são capazes de promover uma limpeza energética eficaz nas pessoas?*

Depende bastante de quem coordena ou empreende métodos como os que meu filho cita. São determinantes fatores como o conhecimento da manipulação dos recursos naturais, além da intenção de quem os busca, conforme expliquei anteriormente.

Há muita gente que vive a contar vantagens sobre sua pretendida mediunidade, seus guias, sua capacidade de manipular energias da natureza... Querem parecer detentores de um conhecimento e um poder que na realidade não têm. Portanto, cautela nunca é demais ao se submeter a ações em meio à natureza sob o comando — ou desmando — de quem meus filhos não conhecem muito bem, no que se refere a suas realizações e obras de Nosso Senhor Jesus Cristo.

Levando-se em conta essa ressalva, os banhos junto às fontes naturais, em suas diversas finalidades, inclusive limpeza energética, possuem enorme potencial renovador.

Entretanto, alguns cuidados meus filhos precisam ter ao acionar forças naturais. Um aspecto a observar é eleger a fase lunar ideal para o tipo específico de energia à qual se deseja expor. Afinal, a Lua exerce importante papel na natureza. As marés no oceano, o parto de humanos e animais, além de grande número de fenômenos climáticos e atmosféricos são todos influenciados pela fase da Lua. Como o corpo humano é composto, em sua maior parte, por água — a mesma água que encontramos nas paisagens naturais —, não se pode desprezar o efeito desse satélite também sobre o ser humano, principalmente ao envolver-se com as forças vivas da natureza.

Outros fatores são essenciais para se obter um resultado produtivo e satisfatório, entre eles a afinidade vibratória de cada indivíduo com determinado elemento natural. Não ignoram estudiosos do espiritualismo que, junto com os elementos fogo, terra, água e ar, há seres elementais[12] coordenando os processos de transmutação energética. E, como parte da natureza, cada pessoa sintoniza com determinado sítio natural. Uns com montanhas, outros com águas doces ou salgadas, outros ainda com matas ou oceanos. Essa identidade energética deve ser observada, a fim de se obter resposta vibratória e fluídica harmoniosa. Derramar água com algumas folhas sobre a cabeça não é o bastante para que se produzam efeitos benéficos e acertados. Sem mencionar que há ervas com propriedade daninha, outras absorventes, além daquelas que despertam um energismo peculiar, que provoca alergias e diversas reações indesejadas.

Fato é que não se formam conhecedores do assunto apenas através da leitura de meia dúzia de livros, tampouco decorando fórmulas encontradas em algum compêndio. É preciso bem

[12] "Formam categoria especial no mundo espírita [ou dos espíritos] os Espíritos que presidem aos fenômenos da Natureza? Serão seres à parte, ou Espíritos que foram encarnados como nós? 'Que foram ou que o serão.' (...) A produção de certos fenômenos, das tempestades, por exemplo, é obra de um só Espírito, ou muitos se

mais para lidar seguramente com a natureza, explorando ao máximo suas potencialidades, a fim de aproveitar os imensos recursos que Criador tenha pôs à disposição dos filhos da Terra. Como este não é um tratado de fitoterapia energética, foge ao objetivo da obra discorrer longamente a respeito; porém, estejamos certos de que não há fórmulas mágicas ou respostas breves para um tópico tão complexo e importante.

25 *Poderia discorrer um pouco mais a respeito da influência da Lua sobre o ser humano, no que tange à questão energética?*

A LUA SEMPRE exerceu forte influência sobre os povos e as culturas da Terra, no que concerne a costumes e práticas não somente de caráter

reúnem, formando grandes massas, para produzi-los? 'Reúnem-se em massas inumeráveis'." (KARDEC. *O livro dos espíritos*. Op. cit. p. 339, itens 538-539). Para saber mais, recomendam-se as explicações que o próprio espírito Pai João dá no romance *Aruanda*, do qual é protagonista (PINHEIRO. *Aruanda*. 10ª ed. Contagem: Casa dos Espíritos, 2007, p. 102-112, cap. 7).

religioso, mas também social. Suas quatro fases serviram, no passado da civilização, para medir o tempo e delimitar semanas, meses e até mesmo anos, conforme o saber de algumas sociedades. Uma vez que tais vezes constituem dos sinais mais evidentes no céu, passaram a ser associadas com inúmeros eventos: cerimônias, iniciações, assembleias; os diversos acontecimentos eram marcados sob o simbolismo da Lua, pois faltavam referências mais precisas na natureza. Os povos do Oriente, principalmente, elaboraram um conhecimento vasto, preciso e detalhado sobre a ação desse satélite sobre a vida humana. Persas, egípcios, romanos e caldeus, judeus e assírios: todos pesquisaram sobejamente acerca da influência lunar e, em seus escritos, registraram o resultado de suas observações.

Na atualidade, mesmo utilizando pouco investimento de tempo e pesquisa, podemos atestar a ação da Lua sobre as plantações. Tudo o que dá abaixo da terra, como cenoura, beterraba, batata e outros tubérculos, produz mais se for plantado na lua minguante. A fase crescente é apropriada para semear frutos e flores. A lua nova beneficia tudo que recebe água de maneira mais intensa, como arroz e outros grãos.

É impossível encontrar algum organismo no planeta Terra que não seja influenciado por seu satélite natural. A lua cheia acarreta alterações perfeitamente observáveis, por exemplo, no comportamento humano, na libido e nos ciclos mais férteis. Podemos notar perfeitamente a mudança de humor, das emoções e do temperamento das pessoas de acordo com as fases da Lua. Tudo que representa nascimento e gestação, em todos os reinos, recebe sua influência magnética. A Lua age tanto na porção líquida que meus filhos têm no corpo quanto, de modo análogo, na água de mares e oceanos. O metabolismo humano e dos animais, a assimilação de líquidos, o nascimento ou a queda de cabelos, a predisposição à diminuição ou ao ganho de peso e, no caso particular do tema que devemos abordar, o nascimento e o fluxo de vitalidade das ervas — tudo recebe o magnetismo da Lua, que deve ser entendido e levado em conta para obtermos resultados mais expressivos.

Esse satélite exerce tal força gravitacional sobre os elementos vivos do planeta que todas as águas que existem na Terra, inclusive aquelas que correm no mundo subterrâneo, sentem-lhe a influência e movimentam-se de acordo com a fase que apresenta. O mesmo vale para os líquidos encontrados no corpo de seres humanos, em vegetais e animais; o próprio sangue que corre nas veias obedece a um fluxo proveniente da Lua e de seu movimento em torno do Sol.

Por representar a energia *yin* — polaridade passiva, emotiva, segundo explica o *tao* e a filosofia chinesa —, a Lua exerce fundamental influência sobre as emoções, determinando, em seus ciclos, muito do comportamento das multidões, do humor dos indivíduos, principalmente daqueles mais sensitivos ou sensíveis. O movimento do satélite em torno da Terra, apresentando sempre a mesma face voltada para a superfície do planeta, incita os habitantes do mundo a serem mais ou menos determinados, animados, elétricos, sensuais ou tranquilos, meditativos ou emotivos. Carências tanto físicas quanto afetivas podem eclodir ou mitigar-se segundo a ação do magnetismo lunar.

Então, meus filhos, a partir dessas considerações — que, espero, meus filhos não tomem como ponto final sobre o assunto —, percebe-se que é preciso dar mais importância às fases lunares ao lidar com a natureza; de maneira especial, com as ervas e seu potencial terapêutico, do qual nos beneficiamos diariamente. Do reino vegetal, meus filhos podem retirar energias poderosas para se retemperar, como estimulantes, ou para a higienização energética.

Assim sendo, é muito proveitoso observar as fases lunares a fim de determinar o fluxo vital das plantas e o momento propício tanto para o plantio como para a colheita. Com pequenos cuidados nesse aspecto, podemos aumentar o potencial curador ou o magnetismo de muitas ervas, as quais constituem excelente mecanismo para liberar-nos de energias mais densas.

CAPÍTULO 3

Ervas, mandingas e patuás

"

O mesmo se dá com as coisas santas com que se procure dominá-los [os espíritos imperfeitos]. A mais terrível das armas se torna inofensiva em mãos inábeis a se servirem dela, ou incapazes de manejá-la.

"

SÃO LUIS (ESPÍRITO)[1]

[1] KARDEC. *O livro dos médiuns...* Op. cit. p. 413, item 279.

"Elias era homem sujeito às mesmas paixões que
nós, e orou com fervor para que não chovesse,
e durante três anos e seis meses não choveu
sobre a terra."

TIAGO 5:17

26 PODEMOS *ter uma ideia melhor a respeito do efeito das ervas e sua utilidade para limpezas de caráter energético ou fluídico? Quais as verdadeiras propriedades que as ervas apresentam e que são úteis nos planos astral e etérico?*

NÃO PODEMOS ignorar, meu filho, que as ervas recebem o magnetismo do Sol, da Lua e do próprio planeta através dos fluidos, dos eflúvios magnéticos com que a Terra é envolvida; crescem absorvendo da atmosfera terrestre as energias que alimentam sua constituição etéreo-astral.

Quando manipuladas pelo homem — seja no momento do plantio, da colheita ou mesmo durante o processo de adubagem, rega e poda —, as ervas assimilam parcialmente propriedades do ectoplasma humano. Transmutam a vitalidade absorvida, assim como outros elementos inerentes à sua constituição, no precioso bioplasma. Ainda nesse processo de absorção e transmutação das forças vivas da natureza, as ervas são impregnadas do éter[2] que permeia o mundo físico, tanto quanto de componentes riquíssimos oriundos dos planos astral e etérico.

Em virtude de tão complexo desenvolvimento, entende-se que, no reino vegetal, encontraremos enorme concentração de energias poderosas, que, se bem empregadas, podem auxiliar os homens em diversas fases de sua vida e

[2] Embora a coincidência de palavras, o entendimento que a filosofia espírita confere ao *éter* ou *fluido cósmico* é ligeiramente distinto daquele de que a ciência moderna se valia até o século XIX, postulando que a tudo perpassava um elemento primordial. Ao longo do século XX, a ciência acabou por rejeitar essa hipótese. Justifica-se a utilização do mesmo termo, tendo em vista tratar-se de boa analogia. Afinal, o fluido cósmico da filosofia espírita, que surge no período oitocentista, é um elemento primordial, embora não tenha caráter propriamente material. Ademais, em razão da exiguidade

para vários objetivos. A partir de toda essa movimentação, absorção e transmutação de fluidos das mais diversificadas fontes da natureza, as ervas — bem escolhidas e colhidas no momento propício, segundo o magnetismo lunar — podem liberar o organismo humano de elementos tóxicos, miasmas, parasitas de fundo energético-emocional. Alguns de seus elementos agem também sobre o hipotálamo, particularmente através dos aromas que exalam, favorecendo estados emocionais saudáveis.

Usadas em banhos terapêuticos, algumas ervas atuam beneficamente em contato com a epiderme humana por maior tempo, em virtude de suas propriedades energéticas. Por meio dos

de vocábulos que exprimam com precisão a realidade extrafísica. "Ao elemento material se tem que juntar o fluido universal, que *desempenha o papel de intermediário entre o espírito e a matéria* propriamente dita, por demais grosseira para que o espírito possa exercer ação sobre ela. Embora, de certo ponto de vista, seja lícito classificá-lo com o elemento material, *ele se distingue deste por propriedades especiais*" (KARDEC. *O livro dos espíritos*. Op. cit. p. 83, item 27. Grifos nossos. Todo o capítulo "Dos elementos gerais do universo" trata de assuntos correlatos).

elementos etéricos que desprendem na água em que são mergulhadas ou preparadas, certas plantas atraem fluidos densos, revigoram o duplo etérico e, por conseguinte, agem sobre o corpo físico, aumentando a disposição ou liberando cargas tóxicas acumuladas.

Como se pode deduzir, o que efetivamente utilizamos das ervas para produzir os efeitos energizantes da terapêutica espiritual — e, por assim dizer, dos quais necessitamos — não são suas propriedades bioquímicas ou medicinais, mas sim sua estrutura fluídica e o rico energismo da natureza acumulado em sua contraparte astralina.

27 *Alguns espíritos indicam a prática da defumação para livrar seus consulentes de algum tipo de energia densa. Que pensa a esse respeito?*

Além de comum, é compreensível que espíritos que tiveram experiências de maior contato com a natureza — como índios, caboclos e pais-velhos — recomendem a queima de algumas ervas em forma de defumação. No entanto, temos de considerar algumas questões que são muito relevantes para a terapêutica energética.

Inicialmente, deve-se ressaltar que há muitos médiuns sem nenhum conhecimento sobre ervas. Ignoram suas ações tanto no corpo físico quanto as seus efeitos fluídicos e energéticos. Percebe-se como essa situação é delicada, pois prescrevem usos para as ervas sem haverem recebido preparo para tal; não detêm conhecimento e muitos, ainda por cima, pretendem atribuir as indicações à intuição captada de seus mentores. Há que esclarecer: a intuição pode ser muito falha! Aqueles que se aventuram sem conhecimento, baseados tão somente na inspiração espiritual, agem com imprevidência e podem ser veículo de sérios problemas. Se não por nada mais, o cuidado de dominar o tema deveria existir para nortear a análise[3] a que se deve sub-

[3] A admirável sobriedade kardequiana ao lidar com a comunicação espírita justifica a reprodução de trecho tão extenso quanto pertinente: "Se submetermos todas as comunicações a um exame escrupuloso, perscrutando e analisando suas ideias e expressões (...) levaremos os Espíritos mentirosos ao desânimo, os quais

meter a comunicação mediúnica, regularmente. Como analisar conteúdo técnico estranho ao médium, aos evocadores e demais integrantes da equipe?

O uso indiscriminado das ervas sem conhecer-lhes as propriedades terapêuticas — fluídicas, principalmente — pode acarretar grande dano, grande transtorno de ordem energética, emocional e até física.

Por essas razões, recomendo que quem deseja trabalhar com ervas se informe, estude, busque se aprofundar no assunto em companhia de pessoas que detêm saber sobre esse im-

acabam por se retirar (...). Repetimos: este é o único meio, porém, meio infalível, porque não há comunicação má que resista a uma crítica rigorosa. Os Espíritos bons nunca se ofendem com ela, pois que eles mesmos nos aconselham a examinar as comunicações, já que não têm a temer do exame. Somente os maus se ofendem e procuram evitar a crítica, porque têm tudo a perder. Só por isso provam o que são. Eis o conselho que a tal respeito nos deu São Luís: '*Qualquer que seja a confiança legítima que vos inspirem os Espíritos que presidem aos vossos trabalhos*, há uma recomendação que nunca seria demais repetir e que deveríeis ter presente sempre na vossa lembrança, quando vos entregais aos vossos estudos: é a de portante recurso da natureza. Embora a eficácia dos métodos terapêuticos naturais, reitero que pode ser muito arriscado indicar ou receitar ervas sem o necessário conhecimento. E olhe, meu filho, que tem muito espírito por aí que conhece muito menos que seus próprios médiuns...

Isso posto, podemos considerar que, sendo o mundo material e tudo o que nele há a condensação da energia astral ou da luz sideral,[4] o uso de ervas com o objetivo de extrair-lhes as propriedades terapêuticas de caráter fluídico representa, em linhas gerais, uma descarga ou

pesar, meditar e submeter ao controle da razão mais severa todas as comunicações que receberdes; é a de não deixardes de pedir as explicações necessárias, a fim de que possais formar uma opinião segura, toda vez que um ponto vos pareça suspeito, duvidoso ou obscuro'." (KARDEC. *O livro dos médiuns* ou guia dos médiuns e dos evocadores. Tradução de Evandro Noleto Bezerra. 1ª ed. Rio de Janeiro: FEB, 2009, p. 421-422, item 266. Grifo nosso).

[4] "A matéria é formada de um só ou de muitos elementos? 'De um só elemento primitivo. Os corpos que considerais simples não são verdadeiros elementos, *são transformações da matéria primitiva*'." (KARDEC. *O livro dos espíritos*. Op. cit. p. 85, item 30. Grifo nosso).

transformação dessa energia condensada. Pode-se, assim, lançar mão de algumas ervas frescas para a chamada defumação, que, em alguma medida, isso dissipará criações mentais mais densas ou estruturas astrais perniciosas dos ambientes e da própria aura humana. Muitas substâncias astrais não resistem à liberação da energia aprisionada ou condensada na composição etérica da planta.

Contudo, pode-se obter igual resultado utilizando-se essências aromáticas das mesmas ervas, não sendo necessário, nesse caso, a queima de plantas; se bem administrados, os aromas cumprem função análoga.

Outro aspecto do efeito das defumações no ser humano está associado mais diretamente ao aroma da erva, inalado através da queima ou de algum processo que utiliza sua essência. O odor age em algumas glândulas da mesma forma como no hipotálamo, incentivando e aumentando a liberação de neurotransmissores. Os sistemas límbico, nervoso e endócrino são especialmente afetados pela absorção de certos aromas provenientes das plantas.

Tanto é assim que o perfume das ervas foi

usado no culto judaico e no início da epopeia cristã, quando os reis magos ofereceram incenso e mirra ao Imortal que nascia na manjedoura. Índia, Pérsia, Egito, Suméria e outros centros de iniciação da vida espiritual também empregavam o aroma de ervas, com perfumes e essências, a fim de despertar estados alterados de consciência e determinadas emoções, de variados matizes.

Por isso, volto a dizer: muito cuidado na manipulação de ervas, pois sem conhecimento se corre sério risco de provocar situações prejudiciais ou indesejáveis.

28 *Pode nos dizer se o uso de banhos, defumadores, incensos ou aromas e essências tem o poder de afastar maus espíritos?*

SE MEU FILHO quiser que a palavra *poder* signifique algo sobrenatural, talvez uma força oculta, nenhum poder existe nas ervas, tampouco em suas inúmeras transformações e aplicações, capaz de afastar os maus espíritos. Sobre como afugentá-los definitivamente, Allan Kardec já escreveu sábias palavras.[5] De todo modo, meu filho, é preciso considerar algumas questões envolvendo as ervas e suas essências.

O magnetismo intenso de alguns vegetais pode favorecer o psiquismo humano na realização de trabalhos elevados, inspirando à elevação de pensamentos e emoções. É algo notório. Um exemplo emblemático é quando o sacerdote católico mistura o incenso, o benjoim e a mirra no turíbulo ou incensário. Os aromas desprendidos, que atingem em cheio o olfato dos fiéis, ativam determinadas glândulas, estimulam a introspecção e a concentração e trazem à memória espiritual a necessidade de orar. Evidentemente, essa atitude de oração, de elevação dos pensamentos e sentimentos humanos é o meca-

[5] "Ninguém exerce ascendentes sobre os Espíritos inferiores, senão pela *superioridade moral*. Os Espíritos perversos sentem que os homens de bem os dominam. Contra quem só lhes oponha a energia da vontade, espécie de força bruta, eles lutam e muitas vezes são os mais fortes. Há quem se espante de que o nome de Deus, invocado contra eles, nenhum efeito produza. A razão desse fato deu-no-la São Luís, na resposta seguinte: 'O nome de Deus só tem influência sobre os Espíritos imperfeitos, quando proferido por

nismo que afasta entidades galhofeiras, espíritos comuns com suas bizarrices e outros mais, que nada querem com a prece e seus efeitos benfazejos.

Por outro lado, também existem vegetais que exalam odores indesejáveis. Meus filhos podem ter uma amostra disso ao entrar em contato com alho e cebola, por exemplo, principalmente em ambientes fechados. Em algumas pessoas mais sensíveis, esses e outros elementos do reino vegetal causam sensações incômodas como irritação nos olhos, na garganta ou na pele. É óbvio que não podemos dizer que tais plantas são responsáveis por afugentar as pessoas, devido ao poder oculto que apresentam... Não obstante, quem é mais sensível afasta-se,

quem possa, pelas suas virtudes, servir-se dele com autoridade'". "O mais poderoso meio de combater a influência dos maus Espíritos é aproximar-se o mais possível da natureza dos bons" (KARDEC. *O livro dos médiuns*... Op. cit. p. 412-413, item 279; p. 372, item 254). Recomenda-se ainda a consulta aos textos "Poder oculto, talismãs e feiticeiros", reproduzido nesta obra por diversas vezes, de modo esparso, e "Possessos" (In: KARDEC. *O livro dos espíritos*. Op. cit. itens 551-556, 473-480).

em decorrência delas, ou prefere livrar-se daquilo que lhe parece desagradável, por mera questão de escolha.

Entre os espíritos ocorre algo semelhante. Algumas plantas exalam fluidos tão desarmônicos, agressivos e de forte conteúdo repulsivo, que alguns espíritos mais grosseiros — até mesmo em comparação com seres materializados — sentem-se agredidos por sua presença. Diversos cheiros e fluidos liberados de plantas, pessoas ou ambientes são desagradáveis a este ou aquele grupo de espíritos. Como na Terra, trata-se de algo relativo, que depende de gostos e afinidades. De um lado, um exemplo óbvio é quão repugnante se apresenta aos bons espíritos, que estão habituados a aromas indescritíveis pelo vocabulário humano, o cheiro de lugares como motéis, prostíbulos, saunas e ambientes insalubres que vulgarizam a prática sexual. A situação oposta também é verdadeira. Maus espíritos sentem no próprio corpo astral a ação de fluidos provenientes de certas ervas ou oriundos de ambientes humanos onde se cultiva a espiritualidade sincera, como em algumas igrejas e casas de estudo, oração e solidariedade. Esse impacto energético faz com que se afastem instintivamente, da mesma forma como encarnados repelem chiqueiros, matadouros e locais onde há acúmulo de lixo. O odor asqueroso, em muitas circunstâncias, é a face mais visível do princípio de atração e repulsão de fluidos espirituais,[6] que bem explica essas ocorrências.

No entanto, meu filho, não podemos desprezar nenhuma espécie vegetal ou animal, pois todas têm sua função e seu lugar na criação, mesmo que alguns espécimes suscitem efeito mais repulsivo que outros. No mínimo, servem para ensinar algo que normalmente não conseguimos compreender de imediato, com relação à sua natureza: dúbia ou polivalente. O veneno letal também pode curar, de acordo com a manipulação que recebe em laboratório, transformando-se em antídoto. A título de exemplo: arruda, aroeira e bugre-do-mato são ervas que exalam substâncias etéreas altamente tóxicas para o perispírito de alguns espíritos mais materializados. As emanações e os aromas irradia-

[6] Cf. "Qualidades dos fluidos" (In: KARDEC. *A gênese...* Op. cit. p. 362-367, cap. 14, itens 16-21).

dos produzem um impacto de grande intensidade, causando-lhes, no plano extrafísico, uma espécie de reação alérgica. E não me refiro às propriedades físicas, mas aos fluidos e elementos astrais dessas plantas, em combinação com seu bioplasma.

Algo mais deve ser levado em conta quando se analisa a ação das ervas sobre certos espíritos: suas crenças e concepções. Quanto mais materializados e cheios de ilusão, de superstições e crendices religiosas ou científicas — sim, porque também as há dessa espécie —, até mesmo um copo d'água ou um fósforo aceso pode representar, para eles, motivo de repulsa ou atração, de acordo com a característica e a cultura de cada um. Se é seguro que se afastam em caráter definitivo apenas por meio da superioridade moral de alguém, também é fato que suas crenças pessoais podem contribuir muito para que sejam afastados, ainda que de modo temporário. A força moral livra a pessoa da influência obsessiva; no entanto, a força das crenças de determinados espíritos, explorada com perícia, pode fazer com que eles se afastem momentaneamente de ambientes e pessoas.

Imaginemos um pastor pentecostal recém-desencarnado, ainda bastante zeloso de suas convicções. Mesmo como espírito, de maneira alguma entrará numa casa espírita por vontade própria; e, se o fizer, induzido por qualquer circunstância, não será sem reserva e, talvez, repulsa. Embora desencarnado, conserva sua crença, profundamente arraigada, de que aquele é um lugar voltado para o diabo e seus seguidores — e que, portanto, considera hostil. Naturalmente, procurará um local mais de acordo com suas crenças pessoais, estruturadas, afinal, ao longo de décadas ou séculos. Fato similar se passa com espíritos acostumados a uma visão mística, a um estilo de vida extremamente religioso ou, por outro lado, com agnósticos e indivíduos mais voltados para a pesquisa acadêmica.

Portanto, ao se usar determinada erva, ela pode afetar as criações fluídicas e até o comportamento de espíritos, não somente pelas substâncias etéreas que irradia ou exala, mas também em virtude do sistema de crenças de quem está sujeito à sua ação. Pelas mesmas razões, pode apresentar-se, para alguns, como elemento tóxico, desagradável ou que causa sintomas os mais diversos, muitos dos quais desconhecidos dos homens encarnados. Como já disse, as plantas sintetizam fluidos, energias e vibrações, e seu aroma, difundido de variadas maneiras, representa a liberação de toda essa energia acumulada ou coagulada.

29 *Algumas ervas parecem surtir maior efeito que outras em limpezas energéticas, no contato com seres humanos e os locais onde habitam. Por isso, algumas são largamente difundidas, como vassourinha-do-campo, assa-peixe e outras mais. Afinal, o que faz com que certas ervas sejam melhores ou mais indicadas para liberar energias tóxicas de pessoas e ambientes?*

O BIOPLASMA, meu filho! Geralmente, nas ervas de caráter absorvente — ou seja, aquelas cuja constituição é mais rica em energia astral que em outros componentes etéreos, combinando fluidos captados do plano astral e da luz solar —, o bioplasma assume uma característica tão marcante a ponto de sugar energias malsãs. São plantas que promovem um efeito riquíssimo, capazes até mesmo de atenuar feridas, rasgos e aberturas do duplo etérico. Sua larga aplicação as torna indicadas para a grande maioria dos casos de limpeza e para banhos de imersão em indivíduos sob ataque energético. Nas situações de uso de drogas, medicamentosas ou não, durante um tempo prolongado, esse tipo de erva auxilia a desintoxicar o duplo etérico tanto quanto o corpo físico da pessoa. Após a dissolução de vínculos prejudiciais de ordem energética ou espiritual, as plantas absorventes poderão liberar a aura dos resquícios fluídicos mórbidos, que se acumulam em qualquer processo do gênero.

Entretanto, é preciso saber como colher e preparar tais ervas, a fim de despertar seu magnetismo. Sem os fluidos próprios do mundo vegetal — que, como tudo o mais, exigem cuidados e obedecem a certos princípios de manipulação —, meus filhos terão em suas mãos, quando muito, apenas plantas e produtos químicos delas extraídos, mas sem os fluidos benfazejos capazes de agir sobre os elementos extrafísicos.

30 *Qualquer pessoa tem condições de manipular as ervas ou é preciso que seja alguém com habilidades específicas?*

PARA MANIPULAR ervas, são requisitos essenciais a pessoa apresentar algum desejo sério, inclusive para obtê-las adequadamente, e dispor das espécies adequadas aos objetivos que se tem em mente.

Bastante diferente é o caso de quem almeja trabalhar como fitoterapeuta, papel que requer o mínimo de conhecimento para ser desempenhado com sucesso e responsabilidade. Isso vale inclusive para aquelas pessoas que dizem fazer tudo "por intuição", o que em geral esconde a preguiça de estudar, assim como o orgulho, que as impede de reconhecer a própria ignorância e a necessidade de aprender, acarretando grande dificuldade de se verem como aprendizes de alguém. É verdade que, em seus delírios espirituais de orgulho e vaidade, muita gente quer aparecer como mestre, como senhor das forças da natureza.

Aquele que pretende trabalhar com ervas de forma a obter-lhes os recursos energéticos, vitais e bioplasmáticos, além de ter um conhecimento terapêutico da fitoterapia convencional, também deve manter-se em sintonia com a natureza, tanto quanto possível, num processo maior de interação com ela. No passado, dizia-se que era preciso ser um iniciado.

Nos barracões de candomblé que levam a tradição a sério, há profundo conhecimento dos recursos terapêuticos e vitais das ervas, utilizadas com grande eficiência. Normalmente, existe uma pessoa preparada e instruída com o máximo de zelo, iniciada exclusivamente para tal.

Nos dias de hoje, como todo mundo quer ser mestre, iniciado ou portador de conhecimento e experiência muitas vezes mais na aparência que na essência, as coisas tendem a beirar a superficialidade. Na era da internet, muita gente procura informações nos arquivos "mágicos" do Google ou de outro *site* de buscas qualquer; após 5 ou 10 minutos de leituras esparsas — cuja seleção de fontes dificilmente leva em conta a credibilidade de quem escreve ou publica —, a pessoa arvora-se de conhecedora das propriedades terapêuticas de determinada erva. Perante indivíduos mais crédulos do que ela própria, passa com louvor. Trata-se de tremenda irresponsabilidade ante questões sérias. De mais a mais, quem manipula ervas ou qualquer outro recurso da natureza, o faz — ou é de esperar que o faça — em benefício da saúde de alguém. E, em matéria de saúde, como em espiritualidade, não se brinca.

Feitas as ressalvas, recomendamos que, para dedicar-se ao contato mais estreito com as forças da natureza, o aspirante seja preparado por quem realmente conhece o assunto. Que entre em sintonia fina com os elementais, respeitosamente e despido de fantasias. Acima de tudo, com sabedoria e conhecimento substantivo, e não apenas confiando em sua imaginação fértil, que ele confunde, muitas vezes, com intuição.

Sem o conhecimento e a experiência no trato com os elementais, somente se extrairá a parte química das ervas, e jamais os recursos sutis de sua fisiologia oculta; sem os elementais, não há como obter o energismo do mundo vegetal ou manipular seus recursos fluídicos.

31 *Então é correto depreender que pessoas que não interagem com a natureza terão mais dificuldades em manipular os recursos naturais, dentro do escopo que temos estudado?*

EXATAMENTE! E *interagir* não significa ir à praia, às montanhas, aos rios e às cachoeiras da maneira como muitos de meus filhos têm feito... seja para se distrair, descansar ou se divertir. Há que guardar um respeito imenso por tudo o que a natureza representa, toda forma de vida, tanto animais quanto vegetais, a própria terra e o ar que se respira. Além disso, de alguma forma se deve estabelecer contato com os seres que dirigem a natureza, em âmbito mais amplo, ou com seus emissários,[7] que são responsáveis pela

[7] "Pertencem esses Espíritos [que presidem aos fenômenos da natureza] às ordens superiores ou às inferiores da hierarquia espírita? 'Isso é conforme seja mais ou menos material, mais ou menos inteligente o papel que desempenhem. Uns mandam, outros executam. Os que executam coisas materiais são sempre de ordem inferior, assim entre os Espíritos, como entre os homens'." (KARDEC. *O livro dos espíritos*. Op. cit. p. 339, item 538a). Evidentemente, no trecho assinalado, Pai João se refere aos espíritos pertencentes às

manutenção e transmutação dos recursos que ela oferece.

Também é bom lembrar que, quando os recursos da natureza são utilizados considerando-se os elementais e o energismo sutil das ervas, não é qualquer um que pode simplesmente se arrogar o privilégio de manipular fluidos e forças que desconhece sem correr sérios riscos.

Em alguns cultos iniciáticos que sobrevivem até os dias de hoje, como em algumas nações do candomblé, quem manipula as ervas deve ser iniciado especialmente nesse ofício. É uma tradição que remonta à época dos grandes templos da Antiguidade, onde também havia uma iniciação específica para o responsável pela manipulação das forças da natureza.

Com o advento do espiritismo, deixaram-se de lado as iniciações formais, que obedeciam a ritos e regras rígidas; no entanto, em nome da racionalidade e de outros aspectos inerentes à atualidade, perdeu-se muito do contato com a natureza, a ponto de muitos espíritas julgarem

ordens superiores da hierarquia ou Escala Espírita (cf. Ibidem, itens 100, 107-111).

desnecessário aprender algo a respeito. De outro lado, também se deu algo digno de nota entre aqueles que, no movimento espiritualista, ainda se afeiçoam ao uso das ervas. Ocorre que, com tanto misticismo que se disseminou por diversos cultos, muitas pessoas sérias deixaram de acreditar nos recursos da natureza. Com o ressuscitar desse saber na roupagem da contemporânea fitoterapia, empreendido por pesquisadores valorosos, o estudo mais acurado das propriedades terapêuticas das plantas vem reconquistando credibilidade.

Mesmo aí, muita gente se engana. Enquanto a fitoterapia resgata as propriedades medicinais das ervas, baseadas na bioquímica salutar, revela-se um conhecimento mais amplo e pormenorizado da natureza quando se dá um passo além. Descobrir a existência e o papel dos elementais, interagir com eles num processo conduzido por alguém que saiba realmente o que está fazendo, além de desenvolver conhecimento detalhado das propriedades magnéticas, etéricas e fluídicas das plantas, trará todo um novo conjunto de elementos para a cura de meus filhos. Mas, para isso, o interessado terá de descer do pedestal do orgulho e aplicar-se no estudo com atitude sincera, a fim de que possa estabelecer sintonia com as forças sutis que coordenam a vida no planeta.

32 *Para extrair com êxito os fluidos vitais das ervas, é necessário ter contato com os elementais? Como desenvolver a força magnética que nos torna capazes de despertar as propriedades terapêuticas sutis nos vegetais?*

Perfeitamente, meu filho. Não há como despertar a força magnética ou o bioplasma de determinada erva que, digamos, já esteja seca, sem que os elementais façam sua parte. De nada adianta pronunciar palavras incompreensíveis, seguir fórmulas ou cantar músicas exóticas que falam da natureza se não houver uma sintonia fina com os elementais. O contato a que meu filho se refere é fundamental para que os espíritos que coordenam o reino vegetal façam seu trabalho na intimidade da erva, em sua estrutura astral e etérica.

Mas como fazer isso se meus filhos nem sequer têm conhecimento a respeito dos elementais? Como acordar as energias latentes e manipulá-las se não se estuda sobre tais temas? Eis um desafio para os filhos que queiram interagir com esses dons sublimes que a vida nos oferece a fim de se tornarem agentes da saúde integral.

33 *Podem-se usar plantas secas para extrair elementos bioplasmáticos ou fluidos apropriados às questões bioenergéticas?*

AS ERVAS SECAS poderão ser utilizadas na fitoterapia convencional para diversas finalidades, como chás, extratos e infusões. No entanto, para explorar o aspecto energético ou o magnetismo primário da natureza, o ideal é que as ervas estejam ao natural; na pior das hipóteses, que ao menos se desperte sua vitalidade com os agentes elementais. Mesmo para os banhos, à exceção de raízes, caules e cascas, o bom é que as ervas estejam frescas — e colhidas na fase lunar e no horário apropriados para se obter o máximo de bioplasma. As ervas secas já exauriram sua propriedade energética, embora possam conservar os elementos medicinais utilizados pela fitoterapia; as verdes, porém, mantêm o energismo primário, os fluidos vitais e outros princípios ainda ativos.

34 *As plantas têm algum tipo de sentimento, como os animais, ou somente sensações? Devemos nos preocupar com possíveis sentimentos entre os vegetais?*

Meus filhos poderão se surpreender com os avanços da ciência nessa área no momento em que os pesquisadores trouxerem a público suas conclusões a respeito de sensações e possíveis sentimentos dos vegetais. O reino vegetal demonstra extrema sensibilidade aos pensamentos, sentimentos e emoções dos seres humanos. Sentem perfeitamente quando a folha é arrancada do caule com brutalidade ou quando a finalidade é terapêutica, medicamentosa. Pressentem certas fases ou mudanças climáticas e são capazes de distinguir até mesmo as nuances entre irradiações fluídicas de ambientes e pessoas diferentes. Todavia, sentimento propriamente, da maneira como os humanos o experimentam, isso não podemos afirmar. Como seres vivos profundamente ligados entre si, formando uma espécie de psiquismo grupal, o que existe é algo que pode ser classificado de sentimento instintivo ou sensibilidade elementar, com que captam as impressões e, no caso de algumas espécies vegetais, as intenções.

Como se vê, é preciso desenvolver respeito pelos representantes do reino vegetal, assim como munir-se de cuidado ao penetrar os domínios do verde, pedindo licença ao espírito responsável por administrar esse patrimônio divino. Ao extrair e buscar os elementos benéficos, é aconselhável pedir genuinamente a esse ser que mobilize e aumente o potencial curativo das plantas a serem colhidas e manipuladas; eis uma atitude sábia e que contribui para fortalecer o elo entre os diferentes reinos. Agindo assim, e obedecendo às prescrições técnicas necessárias, garante-se que a erva coletada apresentará maior quantidade de fluidos, de energismo elemental, concorrendo para melhores resultados.

35 *A pessoa deve ser vegetariana para lidar com a fitoterapia energética e obter resultados positivos ao lidar com as ervas e seu potencial bioplasmático?*

DE FORMA alguma, meu filho. Conforme o espírito Verdade asseverou para o ilustre Allan Kardec, "a carne alimenta a carne".[8] O que precisamos, muito mais do que adotar qualquer comportamento exterior, é desenvolver um sentimento de interação com a natureza; saber que existem espíritos responsáveis pelo psiquismo de grupo do reino vegetal e pedir a eles que nos autorizem a extrair os elementos curativos das plantas, visando à manutenção da saúde e ao bem-estar.

Se fosse necessário ser vegetariano para lidar com as energias da natureza, não haveria

[8] "Dada a vossa constituição física, *a carne alimenta a carne, do contrário o homem perece*. A lei de conservação lhe prescreve, como um dever, que mantenha suas forças e sua saúde, para cumprir a lei do trabalho. Ele, pois, tem que se alimentar conforme o reclame a sua organização" (KARDEC. *O livro dos espíritos*. Op. cit. p. 423, item 723. Grifo nosso).

razão para privar-se[9] apenas da carne animal e continuar alimentando-se de vegetais, que igualmente são seres vivos, com o psiquismo em formação.

Como vê, não é o caso, mas precisamos, sim, desenvolver um senso de responsabilidade com a natureza; falar a linguagem da natureza. É crucial aprender a lidar com esse psiquismo elemental, desenvolver a sensibilidade, o toque, a percepção. E distinguir os momentos em que procuramos os recursos com finalidade curativa daqueles em que simplesmente destruímos plantas, folhas e frutos tão somente por brincadeira ou irresponsabilidade. Em tudo impera o bom senso; isto é, o equilíbrio entre razão e sentimento.

O ideal é que meus filhos tivessem um herbário, local onde cultivassem as ervas sagradas,

[9] Na questão seguinte, os espíritos são taxativos em sua resposta: "Será meritório abster-se o homem da alimentação animal, ou de outra qualquer, por expiação? 'Sim, se praticar essa privação em benefício dos outros. (...) Por isso é que qualificamos de hipócritas os que apenas aparentemente se privam de alguma coisa'." (idem, item 724).

essenciais à manipulação energética. E desse próprio viveiro colhessem o necessário para os chás, as infusões e demais modalidades de utilização medicamentosa ou fluidoterapêutica. Se assim fosse, com certeza o potencial curativo e energético das ervas ali produzidas seria muito maior que o daquelas adquiridas no comércio, em que se ignora a maneira de plantar, regar e podar. Além do mais, usufruiriam do enorme potencial educativo que a experiência oferece: acompanhariam o ciclo da semente à colheita, passando pela adubagem e pelo cuidado, e desenvolveriam facilmente uma relação de respeito e gratidão pela vida vegetal, inspirando, assim, uma atitude verdadeiramente ecológica.

No que tange ao manejo das ervas, muito mais benéfico do que ser vegetariano seria interessar-se e respeitar o ciclo vital das plantas, o que permite extrair-lhes o máximo de potencial energético. Afinal, sabemos que devem ser colhidas tanto na fase mais adequada da Lua quanto no horário correto,[10] a fim de se obter maior

[10] No romance *Corpo fechado*, há um capítulo intitulado "Fitoterapia da Aruanda", em que o então personagem Pai João oferece

quantidade e melhor qualidade da seiva e do bioplasma. Ademais, ao observar o ritmo desses seres vivos, garantimos a ação efetiva dos espíritos da natureza responsáveis pelo energismo da planta.

36 *Qual a importância das ervas nos cultos afro-brasileiros? Essa importância tem fundamento ou é somente fruto de superstição?*

GERALMENTE, aquilo que é considerado superstição em uma época, meu filho, em outra ganha ares de saber e ciência. É o que ocorreu com recursos como chás, banhos, beberagens e outros mais que os escravos outrora usavam, sendo chamados até a levá-las ao homem branco, à casa grande. Mais tarde, a farmacopeia se desenvolveu nos laboratórios modernos, e a

amplas explicações sobre os cuidados necessários à manipulação das ervas, desde o horário indicado para a colheita e extração de cada elemento das plantas até o perfil daquele que manuseia tais recursos (PINHEIRO. *Corpo fechado*. Contagem: Casa dos Espíritos, 2009, p. 200-210).

simplicidade das terapias tradicionais foi considerada primária e obsoleta. A despeito disso, ao longo dos anos, pais-velhos continuaram a prescrever tais práticas, que passaram à sabedoria popular — até porque o tratamento médico dificilmente era acessível a grande parte da população. Hoje, diante dos limites no trato com a saúde e da necessidade de amenizar o desconforto de muitos enfermos, a fitoterapia ressuscita, sob o nome de ciência, esse saber milenar ou essa magia branca e divina, perscrutando-lhe os mistérios. Porém, ao ater-se aos elementos químicos, essa prática fica bastante aquém dos melhores resultados, no que se refere aos efeitos energéticos e fluídicos das ervas. Seja como for, já é um ótimo começo e representa algum progresso para romper barreiras e divisões que só existem na cabeça do homem, não na natureza.

Nos terreiros de candomblé, principalmente da nação queto,[11] considera-se que sem

[11] Embora possa causar estranhamento, optamos pela forma aportuguesada *queto*, uma vez que os dicionários Aurélio e Houaiss, em suas edições de 2009 — que adotam a nova ortografia, após o Acordo Ortográfico ratificado em 2008 —, não mais registram o

ervas não existem orixás, e sem orixás não existem ervas.[12] Por esse aforismo milenar, pode-se deduzir a importância vital das ervas dentro do culto. Nada se faz sem elas nos barracões. Folhas, raízes, caules e flores exercem um encanto especial sobre os adeptos do ritual de orixá. Diferentemente do que ocorre na tradição umbandista, que conservou ou adotou algumas das práticas do povo do santo, mas reteve apenas elementos esparsos, quase beirando a superficialidade quando se trata de conhecimento e manipulação das ervas sagradas. Para quem vê o mundo e a saúde para além de comprimidos, injeções e antibióticos, as ervas são verdadeira fonte de saúde e equilíbrio, além de excelente instrumento mágico para extração, sutilização e uso de fluidos da natureza.

vocábulo em iorubá, *ketu*.

[12] Do iorubá, *Kosí ewé, kosí Òrìsà*: "sem folha não há Orixá". Embora pareça não haver consenso entre os adeptos acerca da grafia correta, o provérbio é de fato largamente difundido. Mostra disso é a canção *Salve as folhas*, de Gerônimo e Ildásio Tavares, que ganhou fama na interpretação de Maria Bethânia e cuja letra contém o verso aqui transcrito.

Dentro dos rituais da nação queto, há muito se emprega o potencial energético e bioplasmático das ervas com o intuito de debelar males que ainda hoje assustam os cientistas e médicos, desafiando-os com seus diagnósticos e prognósticos nem sempre confiáveis. Dessa maneira, uma planta como o boldo ou tapete-de-oxalá — assim denominada por integrar oferendas ao orixá maior — tem sido usada para aplacar problemas estomacais, enfermidades da vesícula, do pâncreas e do baço. Contudo, não somente suas substâncias químicas e físicas são utilizadas há mais de 100 anos, com efeito comprovado e duradouro, mas também suas propriedades energéticas e ocultas, as quais mesmo o cientista mais bem preparado não sabe extrair.

Diante das dificuldades e dos desafios que algumas doenças ditas modernas oferecem — embora nem sempre tão modernas assim —, as autoridades públicas lutam para erradicá-las através da farmacopeia convencional e de valorosos conselhos de higiene. Não obstante, epidemias como a cólera foram enfrentadas no passado com recursos da mãe natureza. Com excelentes resultados, lançou-se mão do potencial fluídico, químico e natural da erva conhecida como tejuco ou, mais popularmente, cabeça-de-negro. Outras enfermidades que voltaram à tona nos dias atuais já foram combatidas com expressivo sucesso valendo-se da riqueza da flora brasileira, ainda que, ao longo do tempo, esse conhecimento tenha se perdido ou sido substituído pelos medicamentos sintetizados em laboratório, de efeito puramente físico.

Evidentemente, os avanços da ciência não podem ser negados. No entanto, é forçoso reconhecer que grande número de enfermidades e estados emocionais ou energéticos ainda não encontra remédio na medicina contemporânea, e que, a despeito disso, a natureza guarda incontáveis surpresas e soluções, esperando apenas que o olhar competente e atento do pesquisador lhe devasse o santuário de todas as espécies vegetais. De mais a mais, quem foi que disse que se deve usar um *ou* outro recurso? Porventura *somar* virtudes não é mais inteligente que *excluir* benefícios?

CAPÍTULO 4

O mundo astral e seus habitantes

"

Deu-lhes poder sobre os espíritos imundos, para os expulsarem e para curarem toda sorte de doenças e enfermidades.

"

Mateus 10:1

"

Não têm eles o livre-arbítrio? Deus não criou Espíritos maus; criou-os simples e ignorantes, isto é, com igual aptidão para o bem e para o mal.
Os que são maus, assim se tornaram por sua vontade.

"

ESPÍRITO VERDADE[1]

[1] KARDEC. *O livro dos espíritos*. 1ª ed. comemorativa dos 150 anos. Tradução de Evandro Noleto Bezerra. Rio de Janeiro: FEB, 2006, p. 130, item 121. Grifo nosso.

37 PODERIA *falar sobre a diversidade de espíritos que habitam o chamado mundo astral ou umbral? Quais os principais tipos que se encontram no mundo extrafísico mais próximo à Crosta?*

A DIVERSIDADE de espíritos talvez seja comparável à diversidade de seres humanos, porém acrescentando-se alguns atributos e características que não se veem entre os encarnados.

No ambiente terra a terra, isto é, no plano próximo aos encarnados, está a multidão de seres em estado de perturbação, que nem sequer se sabe desencarnada e vive prisioneira de seus sonhos e pesadelos; em sua grande parte, acha-se em alguma espécie de transe, nos mais variados graus.[2] Assemelha-se àqueles indivíduos sob efeito de narcóticos ou embriagados: vê, mas não entende; ouve, e não percebe claramente; encontra-se iludida ou inebriada em meio às formas-pensamento que ela mesma forja, tanto quanto mergulhada no turbilhão de imagens e criações mentais externadas por habitantes dos dois lados da vida. De acordo com suas inclinações e limitações, tais espíritos reúnem-se em bandos formados pelas mútuas afinidades fluídicas, e frequentemente não se entreveem. Andam juntos apenas porque se sen-

[2] "Por ocasião da morte, tudo, a princípio, é confuso. De algum tempo precisa a alma para entrar no conhecimento de si mesma. Ela se acha como que aturdida, no estado de uma pessoa que despertou de profundo sono e procura orientar-se sobre a sua situação. A lucidez das ideias e a memória do passado lhe voltam, à medida que se apaga a influência da matéria que ela acaba de abandonar, e à medida que se dissipa a espécie de névoa que lhe obscurece os pensamentos. Muito variável é o tempo que dura a *perturbação* que se segue à morte. Pode ser de algumas horas, como também de muitos meses e até de muitos anos" (KARDEC. *O livro dos espíritos*. Op. cit. p. 154, item 165. Grifo nosso).

tem atraídos pelo calor emanado do psiquismo e das lembranças de cada qual. Verdadeiramente, podemos chamá-los de *espíritos errantes*.[3] São

[3] Cf. "Espíritos errantes" (ibidem, p. 196-200, itens 223-233). Nesse texto conceitua *espírito errante* como aquele que aguarda nova encarnação; ou seja, todo espírito, à exceção dos puros. Daí chamar o período entre vidas de *erraticidade*. Pai João, porém, restringe a denominação de *errantes* àqueles que andam a esmo, vagando pelo mundo espiritual. Além de contar com o apoio dos dicionários, está em conformidade com a definição de *alma penada*, dada mais adiante em *O livro dos espíritos*: "Uma alma *errante* e sofredora, incerta de seu futuro" (ibidem, p. 578, item 1015. Grifo nosso). Certamente tentando esclarecer a polissemia de *errante*, a 5ª edição francesa de *O livro dos espíritos* (1861) trouxe uma errata que abrangeu este e mais 5 itens da obra. Segundo informa o tradutor da "nova geração" de livros de Kardec na Federação Espírita Brasileira, apenas uma das alterações foi definitivamente incorporada ao texto — embora somente a partir da 10ª edição (1863) —; quanto à errata, foi integralmente omitida. As edições brasileiras herdaram essa tradição, observando essa única correção; sem dúvida, a mais grave. A recuperação desse importante texto é apenas um entre tantos pontos a favor da nova tradução (cf. "Apresentação" e "Errata". In: KARDEC. *O livro dos espíritos*. Tradução de Evandro Noleto Bezerra. Op. cit. p. 15-17, 577-578).

os personagens mais comuns que um médium sonambúlico[4] ou de desdobramento encontrará em suas primeiras excursões pela paisagem extrafísica.

Outros espíritos também se encontram nessa paisagem quase material. São os vândalos, quiumbas da definição umbandista, ou simplesmente marginais. Assim como os há entre os encarnados, nos ambientes extrafísicos existem aos montes; são seres desrespeitosos, arruaceiros e trapaceiros, usurpadores das energias vitais alheias. Entre eles, muitos são exímios mistificadores, capazes de assumir a aparência daqueles em quem suas supostas vítimas confiam, enredando-as em seus ardis. Sem objetivos sérios ou definidos, vivem a experiência extrafísica como se nunca fossem reencarnar, e não raro adotam a crença de que, se estão desencarnados, porém vivos, nada mais têm a temer. Em suma,

[4] Cf. "Sonambulismo" (In: KARDEC. *O livro dos espíritos*. Op. cit. p. 286-292, itens 425-438; vide item 455). Kardec designou de *sonambulismo* o fenômeno hoje conhecido como *desdobramento* ou *projeção da consciência*, e chamou os *médiuns de desdobramento* ou *projetores conscientes* de "sonâmbulos lúcidos" (loc. cit.).

a anarquia e a irresponsabilidade são a tônica de suas conversas, ocupações e atitudes.[5]

Muitos desencarnados vivem se escondendo chão adentro, em montanhas, cavernas e lugares ermos, onde quase não há seres humanos, pois têm a mente refém de suas próprias criações e fantasias, em circuito fechado. Ainda não acordaram para a vida de relação, para os relacionamentos entre seres conscientes. Sua existência se reduz ao medo de se envolverem e à consequente busca por isolamento; para eles, a vida social, mesmo em comunidades de baixa vibração, é algo indesejável. Não despertaram para as vivências superiores e mantêm-se presos também a seu sentimento de culpa, punindo-se sem cessar.

Outros ainda, embora na erraticidade, permanecem profundamente apegados à vida material, gravitando em torno de pensamentos e

[5] Claramente, ao longo deste parágrafo descrevem-se as características dos chamados *espíritos impuros* e *espíritos levianos*, respectivamente a décima e a nona classes, entre os espíritos da terceira ordem — imperfeitos —, segundo a "Escala espírita" (ibidem, p. 120-122, itens 101-103; vide itens 100-113).

paixões que lhe são próprios e de que não se livraram, mesmo estando definitivamente desligados do antigo corpo. Paixões de natureza estritamente sensorial os consomem e, por isso, dedicam seu tempo a procurar lugares e pessoas com que possam saciar seu apetite exacerbado, sua volúpia, seus desequilíbrios e vontades.

Como disse, a variedade de seres é notável. Além dos tipos citados, há inúmeros, dos quais podemos destacar os especialistas na manipulação de fluidos e magnetizadores, os obsessores de toda sorte e categoria, bem como os numerosos espíritos dedicados ao bem, em suas diversas funções. Existe um componente, porém, que não deve ser deixado de lado e merece ser listado como parte deste vasto rol de entidades extrafísicas, dada sua importância. Trata-se das criações mentais, dos clichês que ganham vida artificial e temporária, formando egrégoras[6] de qualidade positiva ou negativa. São elementos

[6] Os conceitos de *egrégora* e *elementais artificiais*, entre outros correlatos, são desenvolvidos nos textos da obra citada a seguir, altamente recomendáveis (PINHEIRO. *Além da matéria*. Op. cit. caps. 6, 18-19).

muitas vezes menosprezados nos estudos humanos, mas que têm impacto real sobre a vida dos habitantes do plano astral.[7]

À parte todas as variações de espíritos, há os elementais e outros integrantes com os quais, se porventura meus filhos deparassem, possivelmente creditariam sua existência à conta de fantasia. Entretanto, deve-se considerar que, do lado de cá, há vida ainda mais abundante e exuberante do que aquela vista no mundo físico. Há uma verdadeira civilização muitíssimo organizada, dotada de gênio inventivo, tecnologia e todo um sistema de vida do qual aquele que está na superfície é apenas pálida cópia.[8]

[7] "Os Espíritos atuam sobre os fluidos espirituais, não os manipulando como os homens manipulam os gases, mas empregando o pensamento e a vontade. Para os Espíritos, o pensamento e a vontade são o que é a mão para o homem. Pelo pensamento, eles imprimem àqueles fluidos tal ou qual direção, os aglomeram, combinam ou dispersam, *organizam com eles conjuntos que apresentam uma aparência, uma forma, uma coloração determinadas* (...). É a grande oficina ou laboratório da vida espiritual" (KARDEC. *A gênese...* Op. cit. p. 360, cap. 14, item 14. Grifo nosso).

[8] "Qual dos dois, o mundo espírita ou o mundo corpóreo, é o prin-

38 *E o que dizer da* lama astral, *a que se fez referência anteriormente? É correto defini-la como uma espécie de pântano encontrado na dimensão extrafísica, ao qual se atribuem propriedades terapêuticas ou absorventes?*

Em linhas gerais, está correta a definição, desde que se entenda por propriedades terapêuticas a capacidade de absorver fluidos densos do perispírito de entidades grosseiras. Esses indivíduos atravessam os portais da morte física e chegam ao lado de cá apresentando determinado peso específico do corpo espiritual e condições anômalas de matizes variados, fato que não lhes permite entrar em sintonia com comunidades elevadas. De maneira natural, situam-se em dimensões onde passam a expurgar a fuligem e a matéria mórbida que se aderiu ao psicosso-

cipal, na ordem das coisas? 'O mundo espírita, *que preexiste e sobrevive a tudo*'." (Kardec. *O livro dos espíritos*. Op. cit. p. 112, item 85. Grifo nosso). O texto "Mundo normal primitivo" (idem, itens 84-87), o alcance de suas afirmativas e o conhecimento das implicações dele decorrentes são essenciais a quem quer apreender a visão espírita de mundo.

ma. Até certo ponto, é semelhante ao que ocorre na Terra, quando meus filhos fazem imersão em *spas* ou hotéis de tratamento, que também usam lamas e areias sulfurosas a fim de auxiliar em diversas alergias e manifestações de enfermidade, amainando certos efeitos por meio da desintoxicação que promovem. Do lado de cá, a lama astral cumpre a função de absorver, regenerar e higienizar os perispíritos grosseiros; porém, ocasiona sensações nada agradáveis, de conformidade com a situação dos espíritos que a ela se vinculam, os quais exteriorizam tão somente o reflexo do panorama íntimo.

A lama astral compõe-se de substância absorvente, desconhecida até mesmo dos estudiosos da Terra, mas real e detentora de propriedades regenerativas peculiares ao plano astral ou emocional. Entranhados na estrutura dessa lama das regiões inferiores, há alguns componentes que guardam semelhança com os que se utilizam na radioterapia, além de magnetismo primário do planeta, em alta concentração, e subprodutos criados ou mantidos por elementais que meus filhos ainda não chegaram a estudar. A lama astral retém radiações advindas

das explosões do vento solar, capturadas pela atmosfera terrestre e descarregadas no interior do planeta. Toda essa miscelânea de materiais, em composições e estados diversos, forma a substância conhecida como lama astral.

Por último, é útil observar que, embora seja altamente corrosiva em condições normais, quando manipulada por espíritos que detêm conhecimento, alteram-se certas combinações e ela se torna imensamente benéfica nos hospitais e postos de socorro do umbral.

39 *As criações mentais enfermiças têm uma existência real na dimensão extrafísica ou trata-se somente de uma ilusão projetada pela alma enferma e culpada?*

Toda manifestação do pensamento humano costuma forjar no ambiente extrafísico uma forma vaporosa, de início. À medida que é alimentada por pensamentos recorrentes, desejos e principalmente emoções, adquire gradativamente uma forma mais densa e pulsante. Essas formações de pensamentos gravitam em torno de ambientes e pessoas com um tipo de existência que pode durar anos, séculos ou milênios, como também pode ser fugaz e passageira como o vento.[9] Tudo depende da tenacidade empregada pela mente que a gerou, da vontade mais ou menos firme e do vigor da emoção que a alimentou — processo que pode ser deliberado e consciente ou não; não importa.[10]

Essas criaturas de vida temporária, porém mais ou menos longa, podem estar associadas ou reunidas em colônias ou comunidades; tais como as larvas no plano físico, proliferam conforme a

[9] Examinemos com atenção a passagem já citada: "mas, pela razão de serem criações do pensamento, a existência deles é tão fugitiva quanto a deste" (KARDEC. *A gênese...* Op. cit. p. 361, cap. 14, item 14). A leitura apressada pode concluir que *toda criação mental é fugaz*; todavia, a relação que se estabelece é de proporcionalidade: sua existência é "tão fugitiva quanto" a do pensamento. Ora, se porventura a força do pensamento perdurar, fortalecida por componentes emocionais, é de se esperar que sua robustez se reflita no objeto de sua criação.

[10] "Algumas vezes, essas transformações [do laboratório da vida espiritual] resultam de uma intenção; doutras, são produto de um pensamento inconsciente" (ibidem, p. 360).

oferta de alimento. Assim, agrupam-se ao redor de ambientes e pessoas que sintonizam com a vibração específica de cada uma, nutrindo-se de suas emanações mentais e emocionais.

As formas-pensamento enfermiças geralmente assumem aparência condizente com imagens que habitam o inconsciente coletivo, apresentando aspectos repulsivos até quando se mostram amorfas, mas que podem guardar semelhança com figuras como aranhas, escorpiões ou lagartas; de qualquer modo, sempre trazem grande potencial destrutivo. Enquanto permanecem alojadas em torno da pessoa, corroem a estrutura defensiva da aura e sugam-lhe as energias vitais, causando baixa resistência e imunidade energética deficitária.

Longe de serem produto da imaginação, tais criações parasitárias têm existência real e efeitos perfeitamente perceptíveis e detectáveis através de alguns instrumentos terrenos.

40 *Que podemos saber sobre os espíritos desordeiros ou vândalos encontrados no submundo astral? Como interagem eles com*

as criações mentais enfermiças de encarnados e desencarnados?

ESPÍRITOS COMO os quiumbas alimentam seus vícios com as criações mentais degeneradas e, roubando aqui e ali energias e vitalidade, usam desses cúmulos de formas-pensamento até mesmo como armamento. Capturam essas comunidades ou egrégoras assim como na Terra se capturam peixes, e fazem delas drogas ou armas, devido a seu potencial destruidor, com as quais atacam estruturas espirituais dos dois lados da vida.

Muitas casas espíritas e templos religiosos, por exemplo, viram alvo fácil para os dardos envenenados de inimigos invisíveis. Estes se colocam à distância e, conforme sua programação, lançam as egrégoras, à semelhança de projéteis ou redes, visando comprometer a resistência energética das instituições que atacam. Quando isso ocorre, aqueles que constituem o alvo dessa espécie de veneno mental costumam ter exacerbadas suas emoções, com notável aumento de melindres, fofocas e intrigas que têm por eixo comum a sensibilidade, que se manifesta de modo exagerado. Sem saber do que se trata, médiuns e dirigentes procuram por espíritos desencarnados que expliquem o fenômeno perturbador; porém, sem os encontrar. Como desconhecem a realidade por trás das formas-pensamento desorganizadas, quanto mais a possibilidade de serem usadas por marginais e desordeiros do astral, deixam passar a oportunidade de uma limpeza energética, mental e emocional, que poderia livrá-los de situações do gênero.

As formas-pensamento também podem ser usadas por magos negros em seus redutos ou laboratórios, a fim de imantar pessoas desdobradas que são atraídas ou aprisionadas por eles. Fazem-nas absorver a cota de pensamentos desorganizados e extremamente daninhos que os cúmulos de energia densa contêm, com os mais variados e sórdidos objetivos.

41 *Espíritos levianos e marginais do astral podem ser utilizados pelos magos negros ou feiticeiros com a finalidade de prejudicar pessoas e agrupamentos?*

Com certeza isso ocorre! E muito mais vezes do que imaginam meus filhos. Há momentos em que, numa reunião mediúnica, manifestam-se espíritos dessa categoria, frequentemente de modo simultâneo, acompanhados de bastante riso e agitação, fazendo gracejos. Seu objetivo não é outro senão distrair a atenção dos integrantes do grupo, perturbando o equilíbrio e consumindo seus esforços. Agem assim geralmente a mando de espíritos especialistas, magos e magnetizadores, que os enviam a fim de que possam agir de maneira sorrateira, sem serem notados. Os marginais prestam-se bem a esse disfarce de entidades mais inteligentes e vigorosas mentalmente. Ademais, são comuns também em reuniões de desobsessão de terreiro, onde são conhecidos como quiumbas, encostos ou desordeiros.

Ao contrário do que alguns cultos acreditam ou ensinam, espíritos dessa categoria não são liberados com ebós, oferendas ou algum tipo de trabalho; somente a força moral poderá deter sua ação. Diante dos rituais, exorcismos e apetrechos usados para deles se livrar, riem-se da infantilidade e da falta de conhecimento dos humanos para lidar com a situação.[11]

42 *Fale-nos alguma coisa sobre os habitantes de cemitérios. Seria aconselhável fazer trabalhos nesses locais, como algumas pessoas fazem, para ajudar alguém?*

QUEM DESEJA auxiliar não precisa ir longe nem se submeter a situações inusitadas, que podem gerar constrangimentos. Os espíritos que trabalham nos cemitérios têm uma função específica, que consiste em evitar o roubo de fluidos vitais oriundos dos duplos etéricos remanescentes, até que sejam inteiramente dispersos no ambiente extrafísico. Além disso, colaboram com o resgate daqueles espíritos que já amadureceram o suficiente ao menos para serem libertos dos despojos mortais, no caso das almas que se viram em tal situação após a morte do corpo. De

[11] "As fórmulas de exorcismo têm qualquer eficácia sobre os maus Espíritos? 'Não. Estes últimos riem e se obstinam, quando veem alguém tomar isso a sério'." (KARDEC. *O livro dos espíritos*. Op. cit. p. 312, item 477).

mais a mais, o cemitério não concentra, de maneira especial, forças, energias ou recursos para auxiliar meus filhos encarnados.

É claro que a tradição religiosa e as crenças de alguns filhos, embora nos pareçam exóticas, merecem ser respeitadas. Mas, em todo o tempo em que estou desencarnado, nunca percebi nenhum valor espiritual nas visitas de encarnados ao cemitério, tampouco em trabalhos realizados à porta desse local ou no chamado cruzeiro das almas. Quem deseja assim fazer, que o faça apenas por força de suas crenças pessoais.

Há outro aspecto a considerar. Muitos que pensam ajudar alguém com formas tão peculiares de cultuar a natureza — como no exemplo dado, por meio de trabalhos em cemitérios — são pessoas que não conseguem ajudar a si mesmas. Geralmente, carregam sérias complicações de ordem material, espiritual e psicológica, como forte insegurança e imaturidade emocional. Por que não procurar auxílio antes, empregando suas energias para resolver as próprias questões internas ou de sobrevivência? Socorrer o próximo sem que se esteja relativamente bem é falta de inteligência.

Auxiliariam muito mais indo ao encontro do suposto necessitado, amparando-o pessoalmente, escutando-o, oferecendo-lhe uma palavra amiga ou orando por ele. Mesmo assim, há quem queira se passar por alguém que faz coisas diferentes; com o tempo, porém, acaba por absorver elementos da vida extrafísica, desnecessariamente. Em boa parte das vezes, assimila-se grande cota de energias densas resultantes do processo de decomposição e de desligamento espiritual em curso no local — que, conforme o caso, envolve vibrações bastante prejudiciais —, além de se fazer papel estranho à vista de outras pessoas. Se é nisso que acreditam, respeitemos e oremos para que um dia meus filhos possam libertar-se de velhas e antigas concepções e crescer para uma compreensão mais ampla da vida espiritual.

O mundo precisa de *espiritualidade* muito mais do que de *religiosidade*. E espiritualizar-se é libertar-se de expressões mais materiais, libertar sua fé da necessidade de elementos mais grosseiros e lidar com questões de ordem metafísica destituído de crendices, da maneira mais simples possível.

43 *Fale-nos mais sobre os diferentes habitantes do astral inferior.*

ABAIXO DA superfície, outros planos ou dimensões existem, em situação energética mais densa, nos quais esses seres se refugiam. Agrada-lhes viver em cavernas subterrâneas, apesar de que já têm coragem de ver e ouvir além de seu mundo mental (...). Vivem em bandos, embora tenham perdido a lembrança de como articular a voz, para que pudessem efetivamente se comunicar entre si. Não despertaram ainda para qualquer atividade mental superior. Também podem ser classificados de fantasmas de cemitérios; entre os guardiões, porém, são conhecidos como *cavernícolas*, que assim os distinguem dos *fura-terras*.

Há uma razão para tanto. Essa classe de espíritos, especificamente, é muito visada pelos feiticeiros encarnados, que, desdobrados, procuram os cemitérios para realizar seus trabalhos. Quando detêm tal capacidade, perseguem esses fantasmas, capturam-nos e os aprisionam sob seu poder magnético. Nos processos de magia negra, os feiticeiros os acoplam às auras de encarnados vítimas do processo obsessivo. Enfermidades desconhecidas, processos de adoecimento prolongado, sem diagnóstico claro ou tratamento, nem ao menos resposta diante das intervenções da medicina humana, passam a fazer parte da vida de tais pessoas. Tal situação é conhecida entre nós como *ressonância vibratória*. Isto é, o encarnado absorve os fluidos do ser em desequilíbrio, que está mentalmente comprometido e cujo perispírito apresenta grave contaminação por elementos pertinentes à esfera astral, tais como matéria tóxica, larvas, bactérias e outras criações mentais totalmente integradas ao corpo espiritual dessas entidades.

O quadro pode se tornar ainda mais complexo quando os feiticeiros se associam aos seus pares na dimensão extrafísica. Afinal, é natural que atuem em conjunto, dada a sintonia que existe entre eles por conta das ações mórbidas que empreendem, independentemente de estarem deste ou de outro lado da vida. Assim, se o feiticeiro do astral tiver um poder mental e hipnossugestivo mais intenso, ele poderá inclusive manipular certos vírus e bactérias cultivados em pântanos e charcos do umbral, que ordinariamente só se encontram em regiões inferiores, com vistas a transferi-los para o corpo físico de seus alvos. Usam os cavernícolas como transmissores ou vetores desses microorganismos etéricos, muitos dos quais completamente desconhecidos do homem. Em virtude do contato intenso e constante que promovem com o campo energético do enfeitiçado, dá-se a transferência, o salto para o plano material. Sejam vírus, bactérias ou comunidades microbianas próprias do mundo astralino inferior, o fato é que se materializam ante a interferência da baixa feitiçaria, causando enfermidades variadas e dificilmente diagnosticadas pela medicina terrena. (...)

Os chamados cavernícolas representam perigo porque também são presas perfeitas para os magos negros desencarnados e cientistas das trevas, categorias bem diversas dos feiticeiros, de que tratamos anteriormente, e conforme veremos em detalhes em outro momento.

Como não perderam completamente o uso da razão e sua situação mental é diferente da situação dos *fura-terras*, os magos e cientistas procuram os cavernícolas para transformá-los em cobaias de suas experiências infernais. São utilizados como hospedeiros para o desenvolvimento de bactérias e comunidades de vírus, nos laboratórios localizados nas regiões mais densas, aproveitando-se seu estado perispiritual, que evidencia grande decomposição. A matéria astral de seus perispíritos, obedecendo ao comando mental dos agentes das sombras, transforma-se num ninho de seres microscópicos semimateriais, que se desenvolvem e se reproduzem. São seres cuja existência é restrita ao plano astral, mas isso não impede que sejam utilizados em experimentos por essas figuras do mal. Objetivam, aos poucos, materializar na Terra esses elementos cultivados em laboratório, através do ectoplasma que conseguem extrair dos humanos.[12]

[12] PINHEIRO. *Legião*. 2ª ed. Contagem: Casa dos Espíritos, 2006, p. 153-156 (apenas resposta). Por conter diversos apontamentos sobre o tema, reproduzimos ao longo desta obra trechos do livro *Legião*, indicando sempre a fonte para consulta do original. Visando à simplificação estética, dispensamos as aspas, exclusivamente nessas ocasiões, informando, caso a caso, se são citações tanto de pergunta quanto de resposta ou se somente desta. Acreditamos que destacar as explicações dadas em *Legião*, separadamente da

44 *Que dizer de espíritos que frequentam certos lugares de diversão e de sua ação sobre encarnados? O resultado de sua ação sobre os homens não poderia ser considerado uma espécie de magia ou feitiçaria?*

TODA MANIPULAÇÃO ou tentativa de influenciar o pensamento e as emoções de qualquer ser humano sem que ele queira ou seja consultado pode ser considerada uma espécie de magia de baixa vibração. Ainda que não se compare à magia mais complexa dos magos negros, mesmo assim é um tipo elementar de magia.

Espíritos que comparecem regularmente a locais de diversão onde impera o livre exercício das paixões, dos desejos sexuais e de outros tão ou mais intensos; desencarnados que frequentam lugares em que o consumo de drogas é tido como normal, são, com raras exceções, almas turbulentas, de baixíssima vibração. Meus filhos não esperam encontrar aí espíritos elevados

narrativa, pelo então personagem Pai João, oferece o benefício de poder examiná-las de forma dirigida; ademais, acrescentam bastante à presente discussão.

e benfeitores da humanidade, não é mesmo? Compete a cada um procurar as companhias que lhe aprouverem; contudo, tentar contemporizar a situação espiritual utilizando filosofias e sistemas, desculpas e justificativas não passa de grande engano. Existem muitos lugares onde é possível divertir-se sem prejuízo para sua vida; há muitas companhias dotadas de valores nobres e muitos locais com frequência energética de qualidade. Nos dias atuais, não há como alegar escassez de opções em matéria de lazer. Temos de convir que quem busca ambientes de padrão vibracional rasteiro sabe o que está fazendo e anseia exatamente por aquilo que ali se oferece. Ninguém em sã consciência vai a locais assim para orar pelos que ali estão.

Assim sendo, é bom que quem frequenta tais ambientes o faça consciente do perigo espiritual e dos fatores energéticos que ali fatalmente encontrará. Mais tarde, de forma alguma poderá dizer que lhe fizeram um feitiço, um ebó ou coisa do gênero. O próprio ser é o manipulador de seu destino; é o artífice de sua derrocada; é quem faz o encantamento mental e emocional para destruir a vida que tem. É, a um só tempo, o agente, o veículo e o alvo mental de sua feitiçaria mental, verbal e emocional. Nesses lugares, pode-se até entrar sozinho, mas jamais sair sem uma companhia espiritual. Semelhante feitiço autoengendrado ocasionará sérias repercussões na vida extrafísica, ao desencarnar. Nem sempre se pode culpar o espírito habitante desses lugares; ninguém minimamente conhecedor da vida espiritual poderá alegar que foi enganado ou pego de surpresa, feito vítima. Pouco conhecimento cristão basta para que cada qual saiba o que deve e o que não deve fazer.

45 *Os espíritos que representam a misericórdia divina não podem livrar os homens dos malefícios da feitiçaria? Eles detêm o poder sobre essa ação nefasta?*

COM CERTEZA, e as coisas no mundo só ocorrem sob as vistas do Pai sábio e amoroso. No entanto, se os filhos que se dizem protegidos, religiosos ou espiritualizados têm comportamentos destrutivos, viciações de vários matizes, sobretudo de natureza mental e emocional, como culpar a divina providência por aquilo que compete ao homem fazer?[13] Nos casos que chamamos de feitiço mental e verbal, cuja "vítima" é responsável em maior ou menor grau, pois tem seu pensamento desorganizado, daninho e fechado num circuito doentio, como os representantes da misericórdia ou da justiça divinas poderão liberá-la do enfeitiçamento? Depende de si mesma reverter o quadro desolador e liberar-se dos fluidos perniciosos que o geraram. Uma vez engajada verdadeiramente nesse processo de mudança, por certo contará com a ajuda dos emissários do Alto.

A feitiçaria somente atinge quem deixa suas defesas abertas e seu campo mental desguarnecido, além de se identificar com o tipo específico de energia gerada pelo feiticeiro. Também ocorre que o alvo mental — a pessoa que rece-

[13] "Cabe ao médium remover o obstáculo que se encontra nele mesmo; sem isso, suas preces e suas súplicas de nada valerão. Não basta que um doente diga ao seu médico: dê-me saúde, quero passar bem. O médico não poderá fazer coisa alguma, se o doente não fizer o que for preciso" (KARDEC. *O livro dos médiuns*... Tradução de Evandro Noleto Bezerra. Op. cit. p. 408, item 254, q. 3).

be o impacto dessas energias malsãs — cultiva sentimentos de culpa e autopunição, os quais abrem feridas profundas na alma, deixando-o à mercê de entidades trevosas ou de indivíduos dotados de potencial magnético. Nesses casos, não são os espíritos que eliminarão o problema, se a própria pessoa é quem alimenta mental e emocionalmente a situação.

É evidente que os recursos chegam a todos através dos apelos do bom senso, das mensagens ouvidas nas diversas religiões do planeta; porém, depende do ser humano modificar seu padrão mental e comportamental, a fim de manter-se acima da frequência do feitiço, seja ele perpetrado por um agente externo, seja de caráter interno, mental e psicológico. Sem que se renovem as fontes do pensamento, sem que as emoções sejam elaboradas, conquistando-se um estado vibracional mais ou menos elevado e persistente, de nada adiantará fazer trabalhos, magias ou pajelanças em prol da segurança energética. O problema permanece na esfera individual, assim como a solução. Qualquer auxílio externo, de espíritos tanto quanto de encarnados, será apenas uma ajuda, com o intuito de apontar caminhos.

Lamentavelmente, aquele que alimenta pensamentos derrotistas, destrutivos, de baixo astral e cultiva atitudes inconsequentes e prejudiciais em geral não aceita os conselhos, as terapias e os caminhos de renovação que lhe são indicados. Está à procura de serviços rápidos, que resolvam num passe de mágica os problemas que demorou a construir ou sustentar. Querem essas pessoas que outros façam aquilo que lhes compete; não conseguindo sucesso em seu intento, dizem que não acreditam ou que estão sozinhas e ninguém olha por elas. É que se entregam à situação, ao feitiço que elas mesmas criaram em suas mentes, à ilusão de que uma força estranha à sua, uma inteligência externa, irá se intrometer em sua vida e nos intricados mecanismos da realidade mental e emocional, e substituí-las na resolução inapelável daquilo que julgam exceder sua capacidade. Esse tipo de feitiço, meu filho, nem os espíritos superiores conseguem solucionar.[14]

[14] *"Cumpre, todavia, se não atribuam à ação direta dos Espíritos todas as contrariedades que se possam experimentar, as quais, não raro,*

46 *Fale-nos sobre os magos negros e sua atuação no plano extrafísico. Poderão ser enfrentados em reuniões mediúnicas como as vemos hoje nas casas espíritas?*

É CERTO QUE esses espíritos, advindos de experiências milenares, costumam apresentar-se ao agrupamento mediúnico, de forma a gerar complicações de variados matizes. Muitas vezes su-

decorrem da incúria, ou da imprevidência. Um agricultor nos escreveu certo dia que, havia doze anos, toda sorte de infelicidades lhe acontecia, relativamente ao seu gado; ora eram as vacas que morriam, ou deixavam de dar leite, ora eram os cavalos, os carneiros, ou os porcos que sucumbiam. Fez muitas novenas, que em nada remediaram o mal, do mesmo modo que nada obteve com as missas que mandou celebrar, nem com os exorcismos que mandou praticar. Persuadiu-se, então, de acordo com o preconceito dos campos, de que lhe haviam enfeitiçado os animais. Supondo-nos, sem dúvida, dotados de um poder esconjurador maior do que o da cura da sua aldeia, pediu o nosso parecer. Foi a seguinte a resposta que obtivemos: 'A mortalidade ou as enfermidades do gado desse homem provêm de que seus currais estão infectados e ele não os repara, porque custa dinheiro'." (KARDEC. *O livro dos médiuns...* Op. cit. p. 371, item 253. Grifo nosso).

bestimados, são munidos de uma força mental que se pode classificar como sobre-humana e notavelmente habilidosos ao manipular a vontade, os fluidos e pensamentos, pois que são exímios magnetizadores.

Bom número de agrupamentos mediúnicos acredita que basta o amor — ou o disfarce milagroso e religioso[15] do qual se vestem seus membros — para enfrentar seres milenares. Indivíduos que investiram ao longo dos séculos e milênios em habilidades mentais largamente desconhecidas pelos encarnados; espíritos que aperfeiçoaram seu conhecimento nos bastidores da vida extrafísica com extrema dedicação e que obstinadamente desenvolveram a disciplina mental e emocional, os magos negros não pode-

[15] Jesus repreendeu diversas vezes os religiosos de sua época, mais preocupados com a aparência: "Assim também vós exteriormente pareceis justos aos homens, mas interiormente estais cheios de hipocrisia e de iniquidade" (Mt 23:27). Sem dúvida sabia com quem lidava: "[Jesus] Dizendo-lhes ele isto, começaram os escribas e os fariseus a argui-lo com veemência, (...) armando-lhe ciladas, a fim de tirarem da sua boca alguma coisa para o acusar" (Lc 11:53-54).

rão ser enfrentados apenas com alguns passes, rezas e pretensões de muitos médiuns e dirigentes, que por vezes têm o amor mais na boca que no coração e nos atos.

Iniciados em templos de sabedoria universal no passado remoto, os magos negros desviaram-se de caminho do bem no decorrer de sua marcha, embora conservando seu conhecimento[16] e muito de seu poder. Como, então, enfrentá-los sem se assegurar de uma cobertura superior e de qualidade, isto é, do apoio de espíritos com conhecimento da matéria? Nem todos os agrupamentos que dizem ter boa vontade possuem a devida proteção e inspiração superior, assim como é ingenuidade pensar que todo espírito com boas inclinações é capaz de direcionar uma equipe no confronto com magos negros.[17]

[16] "Concluindo uma prova, o Espírito fica com a ciência que daí lhe veio e não a esquece. Pode permanecer estacionário, mas não retrograda" (KARDEC. *O livro dos espíritos*. Op. cit. p. 129, item 118).

[17] Segundo a Escala Espírita, os bons espíritos apresentam "predominância do Espírito sobre a matéria; desejo do bem. Suas qualidades e poderes para o bem estão em relação com o grau de adiantamento que hajam alcançado; uns têm a ciência, outros a

Por outro lado, também precisamos considerar as peculiaridades de vários médiuns. Em muitos momentos, observamos aqueles que querem ser portadores de determinada faculdade ou característica mediúnica porque almejam reconhecimento; desejam ser vistos como alguém especial. Incorporam todo gênero de espírito de que ouviram falar e, diante de uma plateia crédula e mística, apresentam-se envolvidos por um espírito mistificador, quando eles próprios, os médiuns, não se põem a mistificar.[18] Há que ter cuidado, há que questionar,

sabedoria e a bondade. [Somente] Os mais adiantados reúnem o saber às qualidades morais". Sobre o ato de classificá-los, Kardec assevera que apenas "os ignorantes, os inaptos a apreender uma síntese (...) consideram da primeira categoria todos os Espíritos que lhes são superiores, por não poderem apreciar as gradações de saber, de capacidade e de moralidade que os distinguem" (ibidem, p. 124, item 107; p. 118, item 100, respectivamente).

[18] "Médiuns interesseiros não são apenas os que porventura exijam uma retribuição fixa; o interesse nem sempre se traduz pela esperança de um ganho material, *mas também pelas ambições de toda sorte, sobre as quais se fundem esperanças pessoais*. É esse um dos defeitos de que os Espíritos zombeteiros sabem muito bem

pesquisar, ter uma chancela de quem realmente entende de processos obsessivos antes de enquadrar apressadamente o espírito mais vulgar na classe dos magos negros. Todo cuidado é pouco ao lidar com tais espíritos, mas também com agrupamentos mediúnicos que se deixam envolver por misticismo, por missões salvacionistas; enfim, por dirigentes menos racionais que místicos.

É certo que existem os magos negros, e sua ação não se pode negar ou menosprezar. Entretanto, convém cuidar da formação da equipe mediúnica oferecendo bases sólidas de estudos e mais estudos, pois, mesmo bem intencionados, grupos e pessoas estão absolutamente sujeitos às mistificações. E, em casos assim, considero a mistificação algo tão devastador quanto sofrer de modo efetivo a ação dos magos negros.

Há quem adote posturas extravagantes e se ponha a dançar, cantar, bater palmas, contorcer-se e gritar ou, ainda, sair em meio à co-

tirar partido e de que se aproveitam com uma habilidade, uma astúcia verdadeiramente notáveis" (KARDEC. *O livro dos médiuns*... Op. cit. p. 482, item 306. Grifo nosso).

munidade dizendo estar incorporado de orixás, guias, protetores. Longe de solucionar as obsessões complexas levadas a cabo pelos magos negros, comportar-se assim não resolve nem sequer o problema do médium, que se expõe de maneira a ridicularizar a mediunidade e os verdadeiros benfeitores. Geralmente, tal atitude serve ao único propósito de alimentar a vaidade daquele que afirma agir em nome de veneráveis espíritos e forças sublimes da criação. Sem sombra de dúvida, atende melhor ao ego inflado de dirigentes e médiuns do que ao enfrentamento dos verdadeiros magos, que riem, na esfera além-física, do malabarismo exótico de pseudoentidades que se divertem com a credulidade dos incautos.

Magos negros, cientistas e entidades desse porte não podem ser ignorados, porém não se curvam diante de pessoas, sejam elas médiuns ou não, que não apresentem comportamento coerente com suas palavras, atitude interna sadia e autoridade moral ou ficha de trabalho espiritual de alto nível.

47 *Que preparo se espera, da parte dos médiuns, para enfrentar trabalhos de magia e feitiçaria?*

ESPERA-SE QUE meus filhos estudem muito. Que se dediquem a aprofundar o conhecimento de magia, elementais, leis do mentalismo, magnetismo animal, leis dos fluidos e, sobretudo, das propriedades do perispírito e do duplo etérico, em suas inúmeras possibilidades de transformação. Aliado a tudo isso, devem-se estudar os fatores emocionais e sua ação sobre o psiquismo, os transtornos psicológicos, traumas, fobias e outros elementos da alma enferma, o que será de grande valor para as equipes de médiuns que se enfrentam situações como as que meu filho cita.

Todos os aspectos mencionados ajudam o médium e o grupo em diversas situações; no entanto, é preciso — acima e antes de qualquer coisa — que se certifiquem da autorização e da chancela superior para encampar o confronto com tais adversários. Que haja um espírito responsável e que entenda do assunto; ou seja, que se obtenha indubitável amparo do plano superior.

Tudo isso sem esquecer a importância, é claro, da homogeneidade de pensamento entre os participantes e das demais precauções que o codificador do espiritismo deixou como indicações para a constituição de grupos sérios e produtivos. Eis aí uma série de recomendações às quais não podemos jamais nos furtar. Sem observá-las, o grupo estará fadado ao fracasso.

Nunca será demais repetir: estude Kardec e aprenda os verdadeiros fundamentos de uma reunião espírita,[19] conforme a orientação segura

[19] Ao contrário do que se possa pensar, não há aqui nenhum viés de natureza sectária. Para Kardec, o termo *espírita* não se restringe ao adepto ou ao templo, como hoje se tornou usual; em primeira instância, designa o mesmo que *dos espíritos* (a título de ilustração, veja-se o nome da segunda parte de *O livro dos espíritos*: "Mundo espírita ou dos espíritos"). Portanto, a doutrina *espírita* não é assim denominada por ser a doutrina *praticada por espíritas*, mas, sim, porque é doutrina advinda *dos espíritos*. Daí Kardec usar expressões como *fenômeno espírita* e *reunião espírita*. Nesse particular, cabe citar o que diz sobre o espiritismo: "Seu verdadeiro caráter é, pois, o de uma ciência e não de uma religião; e a prova disso é que ele conta entre os seus aderentes homens de todas as crenças, que por esse fato não renunciaram às suas convicções (...). Ora, os

que a falange do espírito Verdade deixou através de seu digno representante.

48 *É possível fazer uma comparação entre magos e feiticeiros?*

A MAGIA NEGRA tida como a ação dos magos do astral é o tipo mais intricado de obsessão do qual se tem notícia. Nesses processos complexos de obsessão, meus filhos, quando há influência dos magos e de magia negra do astral, implantação de aparelhos parasitas ou elementais utilizados por esses seres perigosos, em geral se observa o uso de campos de força dissociativos ou magnéticos de ação contínua. Os magos conhecem profundamente tais ferramentas, empregadas como agentes de instauração de desarmonias tissulares, que, por sua vez, dão origem a proces-

Espíritos vêm, não derribar a religião, mas, como Galileu, revelar-nos novas leis da Natureza. Se alguns pontos de fé sofrem com isto, é porque, como na velha crença de girar o Sol ao redor da Terra, estão em contradição com essas leis" (KARDEC. *O que é o espiritismo*. 1ª ed. esp. Rio de Janeiro: FEB, 2005, p. 161, 175).

sos cancerosos, provocados frequentemente por eles. Como a maioria dos médiuns e dirigentes espíritas ainda não despertou para a realidade das obsessões complexas, os magos encontram vasto campo de ação entre os encarnados. (...)

Enquanto os magos negros são os personagens mais atemorizantes do astral inferior, profundos conhecedores de certas leis do mundo oculto, os feiticeiros podem ser considerados a degeneração dos magos. Isto é, mesmo que representem uma força considerável nos casos de obsessão, não detêm o saber milenar que possuem os magos; ainda fazem uso de matanças, ebós, despachos e oferendas como forma de canalizar suas energias para as pessoas visadas. Os magos negros não agem dessa maneira; possuem requintes de elaboração e sordidez em seus projetos, que os feiticeiros estão longe de alcançar, pois aqueles são iniciados dos grandes templos do passado remoto e exímios manipuladores das forças mentais. Os magos podem, por exemplo, controlar completamente os elementais naturais, que utilizam como seus agentes, além de impor a seus subordinados estreita submissão a suas mentes poderosas, em caráter duradouro.

Ao contrário, para se ter uma ideia, há feiticeiros que, ao ingressar na erraticidade, tornam-se presa tanto das entidades como dos elementais escravizados por eles, denotando seu despreparo e sua capacidade limitada.[20]

49 *Na abordagem direta a um espírito especialista — um mago negro, por exemplo —, que elementos são mais eficientes para o médium, terapeuta do espírito ou doutrinador, a fim de levar a situação a bom termo?*

VIVER AQUILO que se prega, ser coerente com a mensagem que se diz defender: eis o maior dos trunfos. De nada adianta ser um poço de informações, ter clareza acerca das leis espirituais ou saber de cor trechos e mais trechos de livros diversos. Sem vivenciar aquilo que estuda, o médium será incapaz de produzir efeito significativo sobre os espíritos. E não falamos de perfeição, tampouco de conduta irrepreensível, pois que isso não é a realidade da massa

[20] PINHEIRO. *Legião*. Op. cit. p. 204-206 (apenas resposta).

de espíritos em evolução no planeta Terra; é prerrogativa de espíritos puros.[21] Não obstante, a ascendência moral é tudo; e sobre esse ponto não restam dúvidas.

Em segundo lugar, a técnica, nas mãos de quem sabe o que faz e vive o que ensina. Não se esperam pessoas resolvidas nem perfeitas, pois não as há; espera-se tão somente coerência. Não há como enganar um espírito dessa categoria, nem sequer usar máscaras e disfarces diante da inteligência e da perspicácia de antigos magos. Está fadado ao insucesso quem adotar a postura do religioso, daquele que dá lições de moral — as quais nunca viveu —, ou que pretende dar conselhos, com ar professoral, atitudes que soam sem substância, vazias e irreais para tais entidades e, portanto, são completamente inócuas.

Vivência é a palavra-chave. Buscar a ascendência moral e, então, usar de firmeza sem recorrer à doutrinação, tampouco procurar con-

[21] "Reconhece-se o verdadeiro espírita pela sua transformação moral e pelos esforços que emprega para domar suas inclinações más" (KARDEC. *O Evangelho segundo o espiritismo*. 120ª ed. Rio de Janeiro: FEB, 2002, p. 352, cap. 17, item 4).

verter o espírito para seu modo de pensar e acreditar. Talvez seja nessa direção, meu filho, o caminho mais acertado.

CAPÍTULO 5

Magia e ciência; magos e médiuns

"

Disse-lhe o diabo: Dar-te-ei toda esta autoridade
e a glória destes reinos, pois a mim me foi entregue,
e a dou a quem eu quiser.

"

Lucas 4:6

"

Sendo ela [a pessoa que intercede por um possesso] um homem de bem, a sua vontade poderá ter eficácia, desde que apele para o concurso dos bons Espíritos, porque, quanto *mais digna* for a pessoa, tanto maior poder terá sobre os Espíritos imperfeitos, para afastá-los, e sobre os bons, para os atrair.
Todavia, nada poderá, se o que estiver *subjugado* não lhe prestar o seu concurso.

"

ESPÍRITO VERDADE[1]

[1] KARDEC. *O livro dos espíritos*. Op. cit. p. 312, item 476. Grifos nossos.

50 MAGOS *negros e feiticeiros costumam guardar alguma ligação com os alvos mentais que elegem, ainda que no passado remoto? E mais: como agem a fim de obter o que desejam?*

Não é correto afirmar que quem é alvo mental de feiticeiros ou de magos negros está necessariamente associado a espíritos dessa categoria por laços do pretérito, que remetem a encarnações anteriores. Costumeiramente, espíritos vingativos se vendem ou contratam o serviço de especialistas, conforme o malefício que queiram impingir a seus perseguidos.

Quanto à segunda pergunta, em linhas gerais o método de ação é o seguinte. O feiticeiro, encarnado ou desencarnado, emprega seu conhecimento sobre despachos e oferendas visando, por meio desses, estabelecer uma relação de troca com uma entre duas categorias de entidades — quando não invoca ambas. De um lado, espíritos materializados; de outro, elementais ou seres da natureza que foram corrompidos pelo próprio feiticeiro, que os tornou dependentes de sangue e suas emanações etéreas. Esses seres desencarnados e elementais, viciados no gênero de fluidos que lhes foi oferecido, costumam atacar o alvo nem sempre de modo direto. Inúmeras vezes, investem contra familiares, amigos ou pessoas que lhe são caras, com o objetivo de, no primeiro momento, enfraquecê-lo emocionalmente. Após provocar uma situação em que o aspecto emocional da vítima se abale, com natural repercussão em seu campo energético, então tais entidades atingem o alvo como um raio, de acordo com a sintonia de quem é atingido.

Já no caso dos magos negros, normalmente submetem o espírito "cliente" — isto é, que encomendou a ação —, conservando-o por longo tempo sob seu domínio, refém das experiências sinistras que levam a cabo. Agem através da força mental e também podem manipular espíritos da natureza para atender a seus caprichos, embora com métodos bem distintos dos que usam os feiticeiros. Além disso, contam com subordinados, verdadeiro séquito de malfeitores, que recrutam para realizar seu intento.

Agem na mente, no psiquismo, e a partir daí incitam o surgimento de diversas doenças, muitas das quais se manifestam em quadros mórbidos de difícil solução pela medicina. Implantam no indivíduo microorganismos e outras criações de natureza astral, além de elementais artificiais, que passam a agir sobre sua vítima; com o tempo e a devida condução, proliferam-se larvas, bactérias e vírus no corpo físico. Por vezes, este recebe o impacto direto dos seres da escuridão, apresentando diversas situações que desafiam as explicações científicas: materialização de objetos dentro do corpo, como alfinetes, agulhas e outros mais; cânceres e enfermidades variadas, que surgem onde cientificamente se considerava bastante improvável; desarmonias na intimidade das células, de maneira a causar dores, moléstias crônicas ou incuráveis e infecções persistentes, que levam a pessoa a sofrimentos indizíveis.

Os magos negros usam intensamente as propriedades do magnetismo animal ou espiritual, a fim de subjugar mental e emocionalmente as pessoas sob suas vistas. Os alvos que lhe sofrem a ação com frequência mudam as opiniões — ou, ainda mais, a visão da vida — de modo lento, mas progressivo, adotando posturas diferentes, que não condizem consigo, e afastam-se de tarefas importantes que antes haviam assumido. Invariavelmente invocam o mesmo pretexto para suas atitudes atípicas ou dissonantes: o de que foram vítimas das pessoas à sua volta, incompreendidos em suas circunstâncias consideradas especiais e, por fim, alijados do trabalho, dos acontecimentos, da família ou do que quer que seja. Por essas razões — afirmam — é que estão sem jeito, sem lugar, sentindo-se inadequados e estranhos ao papel que antes desempenhavam com desenvoltura. Afastam-se devagar, mas de forma constante. Gradativamente, perdem a sintonia com aquilo que antes lhes enchia a alma e ficam à mercê de questões emocionais, valorizadas ao extremo, tudo de acordo com a ação magnética a que estão submissos.

Há também ocasiões em que os magos mantêm o psiquismo da pessoa-alvo conectado ao passado, muitas vezes prisioneiro de uma época na qual fora ela iniciada em um culto qualquer, preferencialmente com cerimoniais ritualísticos, que impressionam camadas profundas do aparelho psíquico. Como consequência, a pessoa se sente mais e mais deslocada em seu ambiente; acha-se merecedora de uma atenção especial ou, então, passa a se ver como uma espécie de missionária, porta-voz de uma mensagem especial ou encarregada de uma tarefa magnânima. Age como se tivesse um poder sobre-humano, sendo levada a acreditar piamente, embora erroneamente, que é capaz de penetrar em pensamentos alheios ou que é dotada de dons que a distinguem dos demais. É comum que essa pessoa sob a ação magnética de magos faça o passado espiritual e tudo o que lhe diz respeito ocuparem posição central em sua vida. A preocupação com a própria identidade em outras vidas torna-se uma obsessão, assim como a certeza de que ela mesma ou seus mentores espirituais protagonizaram importante papel na história.[2] Trata-se de uma ilusão causada geralmente pela influência maligna dessas entidades, que manipulam sentimentos, emoções e pensamentos, forjando uma realidade paralela na mente de sua vítima.

Em outros processos, os magos negros empregam potentes campos de força, de baixíssima frequência, sempre voltados para seus projetos ignóbeis. Como regra, abusam da capacidade de roubar energias vitais e ectoplásmicas, de sorte que suas vítimas são usadas como pilhas ou transformadores vivos a viabilizar seus intentos. Enquanto seu alvo mental se perde lentamente nos emaranhados de situações inúteis, deixa de produzir com qualidade e espiritualidade.

Eis, portanto, algumas entre muitas pos-

[2] A descrição lembra claramente aquilo que o espiritismo denomina *fascinação*, embora se saiba que há uma gama de espíritos capazes de instaurá-la, e não somente os magos negros: A fascinação "é uma ilusão produzida pela *ação direta do Espírito sobre o pensamento do médium* e que, de certa maneira, lhe *paralisa o raciocínio* (...). O médium fascinado não acredita que o estejam enganando: o Espírito tem a arte de lhe inspirar confiança cega, que o impede de ver o embuste e de compreender o absurdo do que escreve, *ainda*

sibilidades criadas por antigos magos, exímios magnetizadores, a fim de obter vantagem, fazer o mal ou apenas usar as pessoas como cobaias de suas experiências. No plano físico, aqueles que se enredam em suas teias terminam como portadores de neuroses e psicoses enquanto estão sob o império da forte influência magnética.

51 *Os magos negros realmente dispõem de recursos mais amplos do que a maioria de nós, em nossas reuniões mediúnicas? Porventura os emissários do Cristo não detêm ferramentas mais eficazes no trato com esse tipo de espírito?*

COM EFEITO, os magos negros detêm conheci-

quando esse absurdo salte aos olhos de toda gente. (...) Efetivamente, graças à ilusão que dela decorre, o Espírito (...) pode levá-lo a aceitar as doutrinas mais estranhas, as teorias mais falsas, *como se fossem a única expressão da verdade.* Ainda mais, pode levá-lo a situações ridículas, comprometedoras e até perigosas. (...) Para chegar a tais fins, preciso é que o Espírito seja *destro, ardiloso* e profundamente hipócrita" (KARDEC. *O livro dos médiuns*... Op. cit. p. 356-357, item 239. Grifos nossos).

mento, sabem o que fazer e como fazer; não titubeiam, e têm plena convicção do que fazem.[3] Investigam cuidadosamente seus alvos e não subestimam aqueles contra os quais direcionarão seu poder e sua férula. Estudam o potencial e os pormenores de seu adversário ou de sua vítima antes de qualquer investida. A rigorosa disciplina mental é marca característica desses seres. Ficam dias, meses e, às vezes, anos em completa concentração, sem que nada à sua volta venha

[3] Nos círculos religiosos, é comum associar o poder da fé apenas aos pedidos feitos em oração — "Tenho fé que Deus me atenderá" — ou, então, empregar o termo *fé* como sinônimo de *crença:* "Minha fé em Deus me consola". Possivelmente prevendo o esvaziamento desse conceito tão vasto e fundamental, Jesus dá-lhe a melhor ilustração ao amaldiçoar a figueira. Interpelado sobre o fato, explica: "Em verdade vos digo que, *se tiverdes fé e não duvidardes,* não só fareis o que foi feito à figueira, mas até se a este monte disserdes: Ergue-te e precipita-te no mar, assim será feito" (Mt 21:21. Grifo nosso). Deixa claro que falava de algo muito maior do que a fé religiosa; referia-se a uma certeza firme, a uma convicção inabalável. Esclarece também que a fé não se prende à moralidade, ou seja, é um atributo a ser usado tanto para o bem quanto para o mal — de amaldiçoar figueiras até forjar magias.

a interferir em sua atividade mental. Com extrema habilidade, aliciam, usam e manipulam criaturas da natureza, como elementais, tanto quanto criações mentais, egrégoras e outros aspectos da vida oculta.

Por essa breve descrição, meus filhos podem julgar o tipo de recurso que eles detêm e em que medida os supostos representantes de Jesus estão aptos a fazer frente a esse arsenal, sobretudo caso se arroguem a condição de enfrentar aquilo que não conhecem e para o que não desenvolveram aptidão e mesmo competência.[4]

Não obstante, existem espíritos sábios, cuja experiência se acumulou desde vivências recuadas no tempo; tornaram-se conhecedores das

[4] Em *Apocalipse* (ver bibliografia), o espírito Estêvão demonstra que as cartas ditadas pelo Cordeiro às sete igrejas da Ásia (Ap 2-3) contêm admoestações associadas à cronologia da comunidade cristã. A última delas, dirigida a Laodicéia, é de fato pertinente aos modernos discípulos da boa nova: "Conheço as tuas obras, que nem és frio nem quente. Quem dera fosses frio ou quente! Dizes: Rico sou, e estou enriquecido, e de nada tenho falta. Mas não sabes que és um coitado, e miserável, e pobre, e cego, e nu. Aconselho-te que de mim compres ouro refinado no fogo, para que te enri-

energias da natureza e exímios manipuladores dos recursos que ela oferece. São eles que granjearam competência e reúnem condições para enfrentar os magos negros. Mas não se engane, meu filho. Nem todos os espíritos considerados bons sabem como agir ou demonstram desenvoltura ao deparar com esses seres das zonas escuras. Muitos mentores de grupos e pessoas não viram sequer uma vez um mago negro, tampouco detêm condições de lidar com esses milenares representantes das sombras. Não basta ser considerado mentor; o espírito tem de ser um especialista no assunto.

52 *Considerando que nos templos e escolas iniciáticas foram realizadas cerimônias ou ministrados ensinamentos a respeito de um conhecimento superior, qual a relação dos atuais magos negros com os magos e iniciados do pretérito?*

queças; e vestes brancas, para que te vistas, e não seja manifesta a vergonha da tua nudez; e colírio, para ungires os teus olhos, a fim de que vejas". E, para quem se assusta com as imagens fortes da linguagem bíblica, o próprio Jesus esclarece: "Eu repreendo e

Como regra, toda iniciação foi realizada para o bem, para o uso dos elementos da vida oculta com intuito de auxiliar a humanidade. Em geral, a pessoa era admitida nos colégios iniciáticos desde cedo, a partir dos 7 anos de idade. Num processo lento e gradual, à medida que oferecia condições e a maturidade despertava, o aprendiz recebia ensinamentos compatíveis com seu momento evolutivo e sua capacidade. Até que, ao completar 42 ou 49 anos, faixa etária observada na maioria das ordens iniciáticas, era recebido como mago maior ou alçado à categoria de grão-mestre daquele templo de sábios. A partir de então, o mago branco estava apto a conduzir outros aprendizes, formando novos colégios iniciáticos. O período longo de aprendizado era favorável ao desenvolvimento da disciplina mental e do poder de manipular certos fluidos, segundo as leis do mundo oculto. Era um modelo lento, porém eficaz, e aqueles que a ele se

castigo a todos quantos amo. Portanto, sê zeloso, e arrepende-te. Eis que estou à porta, e bato. Se alguém ouvir a minha voz, e abrir a porta, entrarei em sua casa, e com ele cearei, e ele comigo" (Ap 3:14-15,17-20).

submetiam eram reconhecidos tanto nas comunidades às quais se vinculavam quanto nos planos adjacentes à Crosta, como representante de poderes superiores. Contudo, nem todos se sujeitavam ao processo sem interesses particulares e, por vezes, escusos. Algumas pessoas, desenvolvendo a sede pelo poder e pelo domínio mental sobre os demais membros de suas ordens, acabaram desvirtuando-se e desviando-se dos sagrados objetivos para os quais lhes foram concedidos os poderes iniciáticos, conforme se dizia na época. Nasciam, então, os magos negros. Revoltados e gananciosos, desejavam a todo custo subjugar os grupos a que pertenciam, deixando-se transtornar com a inveja que sentiam de seus superiores e fomentando, assim, o espírito de insurreição e tirania.[5]

53 *Existia especialização entre os magos e os diversos grupos ou templos iniciáticos do passado? Parece que (...) na região astral há diversos grupos rivais, que lutam entre si...*

[5] PINHEIRO. *Legião*. Op. cit. p. 213-214 (pergunta e resposta).

No momento de sua iniciação, no passado (...), os magos escolhiam ou eram levados aos diversos templos iniciáticos de acordo com o mandato espiritual que possuíam. Todavia, apenas os grão-mestres ou sumos sacerdotes desses templos tinham acesso aos arquivos espirituais de seus tutelados. Desse modo, ao longo dos anos e milênios, nasceram diversos centros de formação espiritual, cada qual especializado segundo o compromisso e a afinidade daquela região ou daquele agrupamento.

Aqueles magos negros do plano extrafísico cuja iniciação e formação oculta sucederam em regiões da Mesopotâmia, da Caldeia e da Pérsia utilizam-se hoje de seus pupilos, encarnados no Oriente Médio, como suas marionetes. Têm um verdadeiro exército à disposição entre os indivíduos pertencentes aos grupos radicais e adeptos de regimes extremistas que lá vigoram. Estes, ao desencarnar, muitas vezes são convertidos definitivamente em sentinelas e agentes daqueles magos, já que a iniciação com as mesmas raízes culturais lhes confere soberania sobre tais consciências. Além disso, como cederam à pujança e à fascinação pelo poder ainda encarnados, é com pouco esforço que os magos os manipulam após a morte do corpo.[6]

54 *Como se dá a ação dos magos no astral inferior?*

HÁBEIS NA manipulação das energias do duplo etérico e no uso de elementais naturais para suas investidas no mal, os magos se dedicam a treiná-los para aplicação nos processos de obsessão complexa. Estabelecem contratos com outras organizações interessadas em seus serviços sofisticados e altamente especializados e, em troca, exigem pesados tributos das associações umbralinas que se submetem ao seu poderio, muitas das quais subestimam as consequências de barganhar com os magos.

(...) Aqueles que disciplinaram seu pensamento e adquiriram seus conhecimentos na época do Egito, nos templos de Karnak, Heliópolis e outros centros de referência, além, é claro, daqueles advindos da Atlântida, distinguem-

[6] Ibidem, 215-216 (pergunta e resposta).

se pela atuação na mente. O uso, a manipulação e a exploração da faculdade de pensar e do corpo mental, com todas as consequências advindas desse saber, constituem sua especialização. Desencarnados, sintonizam-se com as hostes das sombras, visando à ascendência sobre cientistas, psicólogos, médicos e psiquiatras, também afinados com seus propósitos. Esses profissionais podem se transformar em instrumentos da ação perversa dos magos, sem que o suspeitem, pois a influência desses espíritos desajustados é discreta, imperceptível ao olhar desatento, ao menos até se instaurar mais definitivamente.

Empregam força mental, hipnose e magnetismo, promovendo inclusive o sequestro do duplo etérico de encarnados para experimentos, nos laboratórios que administram em aliança funesta com os cientistas do mal. Nesse conluio, engendram elementais artificiais para contaminação mental, com o objetivo de direcionamento do corpo mental dos encarnados e domínio psicológico sobre as massas. Do aprimoramento desse processo surgem os chamados *clones* de encarnados, e mesmo de outros espíritos, pois conseguem implantar nos elementais uma memória fictícia, um dado conteúdo mental com vida temporária, que os anima; portanto, igualmente artificial.[7]

55 *Então, o procedimento utilizado nesse tipo de obsessão [complexa] (...) deveria gerar a eclosão de uma nova ferramenta para o enfrentamento da problemática, compatível com o grau de conhecimento de seus agentes...*

CERTAMENTE que sim! As trevas têm se especializado e aprimorado cada vez mais intensamente seus métodos, mas infelizmente a maioria dos grupos espíritas e umbandistas ainda prefere cristalizar-se na metodologia consagrada ao longo de décadas. É fundamental a abertura consciente para o novo, o avanço que se incorpora à base, ao que já existe. Muitos insistem em ver a mudança como substituição do que se fez até então, o que é um equívoco de grandes proporções. Capacitar-se significa somar, e não subtrair ferramentas. Se porventura tais agru-

[7] Ibidem, p. 216-218 (apenas resposta).

pamentos não se atualizarem urgentemente, ficarão desprotegidos e à mercê de investidas das quais não poderão esquivar-se. É inadiável a atualização dos métodos espíritas e umbandistas, em face dos ataques cada vez mais elaborados dos emissários das sombras.[8]

56 *Nesses casos, Pai João, não é suficiente a simples doutrinação desses seres?*

Pois é, meu filho... Não adiantam apenas palavras decoradas de trechos do Evangelho ou conceitos apreendidos nas aulas de catequese espiritual. Aliás, cada vez mais a doutrinação tradicional será eficiente para um número menor de espíritos, que, à medida que reencarnam, tornam-se mais capazes, críticos e questionadores. Basta ver que as respostas de décadas atrás não mais saciam a curiosidade e as questões levantadas pelas crianças de hoje em dia, na Terra. O nível de elaboração é outro, e as explicações simplórias não mais as convencem. Por-

[8] Ibidem, p. 219-220 (pergunta e resposta).

tanto, no âmbito da terapia espiritual, também o diálogo precisa ser reformulado em seus princípios, incorporando elementos da programação neurolinguística, da psicologia, em suma, das áreas da comunicação e das disciplinas que tratam do conhecimento da alma humana. Nada de pregação estéril; em vez disso, conversas que busquem revelar, para elas mesmas, o íntimo das próprias criaturas em desequilíbrio, habilidade em que era mestre o Nosso Senhor, Jesus.

Agora, com relação à abordagem dos magos negros, não há como se furtar ao entendimento de alguns fatores centrais. Por exemplo, esses espíritos se revestem de campos de força de natureza distinta, para fins de proteção, aglutinação das células perispirituais e deflexão da luz, entre outras funções, o que causa invisibilidade e faz com que os médiuns nem ao menos os percebam em suas reuniões. Há ainda outros elementos dos quais se utilizam como instrumentos para a consecução de seus planos sombrios, além dos que já mencionamos. Como você afirmou, Ângelo, o desenvolvimento da metodologia do processo obsessivo por parte desses espíritos nos leva fatalmente à necessidade de desenvolver procedimentos desobsessivos à altura, atualizando a forma e o conteúdo de nossas possibilidades. E repare que isso é tão somente *reagir* às sombras, quando o ideal que perseguimos é *anteciparmo-nos* à sua ação nociva e maligna.[9]

57 *Qual a origem dos magos, do ponto de vista histórico?*

NA VERDADE, os magos atuam no planeta desde épocas imemoriais. Sua atuação foi mais intensa no momento histórico da Atlântida e da Lemúria, e muitos deles passaram a operar nos bastidores da história das civilizações humanas. Considerando que não desejavam de modo algum que a mensagem do Cristo viesse ao encontro dos povos da Terra, tudo fizeram para impedir o desenvolvimento e a difusão da ideia cristã. Como não obtiveram êxito em seu intento, e depois de inúmeras investidas a fim de deturpar o conteúdo de seus ensinos, desde a década de 1960 se empenham em nova modalidade de ata-

[9] Ibidem, p. 220-221 (pergunta e resposta).

que. Procuram realizar experiências para implantar conceitos e memórias falsas e obtusas nos representantes religiosos. (...)

A Atlântida e a Lemúria, continentes cuja história ainda não é oficialmente reconhecida pelos intelectuais da Terra, mas estudada através dos registros mantidos no mundo espiritual, constituem o berço dos magos. Esse território perdido recebeu os exilados de outros orbes, espíritos detentores de grande bagagem científica e notável domínio mental sobre as forças da natureza, os quais, em seu apogeu, portavam-se de acordo com determinado sistema ético e moral. Ambos os fatores lhes asseguravam a possibilidade de fazer incursões no mundo oculto com invejável liberdade, manejando com destreza inúmeras leis da natureza e os fenômenos condicionados a elas.

Ainda hoje, mesmo com todo o conhecimento espiritual que a humanidade conquistou, não encontramos ninguém entre os encarnados que possa fazer frente ao que os magos brancos conseguiam realizar naqueles tempos. Não havia passado muito tempo desde a ocasião do degredo, evento que os trouxera para a Terra, o que lhes favorecia o acesso aos arquivos de sua memória espiritual. Somada a isso, a atmosfera psíquica do planeta, ainda jovem, contava com poucos focos de contaminação astral, o que proporcionava aos magos mais facilidades para exercer uma ação puramente mental sobre os fluidos e demais elementos da vida oculta. Por causa dessas condições, nesse período a magia era totalmente mental, sem que se fizesse necessário o uso de rituais, tampouco de objetos de condensação energética, embora gradativamente eles tenham sido incorporados à sua prática. Foi o caminho encontrado para suprir as carências dos novos iniciados ante o aumento considerável da carga mental tóxica, que os homens criaram com o transcorrer do tempo.

Entre os magos, houve os que se distanciaram dos objetivos traçados pelo Conselho dos Bons — como era chamado o colegiado diretor dos ensinos iniciáticos — e se colocaram em desarmonia com os elevados propósitos da vida; por esse motivo, autodenominaram-se magos negros, em contraposição aos adeptos da magia branca ou superior.

As atividades dos lemurianos e atlantes se

concentravam sobre os fluidos naturais do planeta Terra, que, muito embora fossem primitivos, primários ou pouco elaborados, em virtude disso mesmo respondiam mais facilmente à ação do seu poder mental disciplinado. Naqueles tempos, o ambiente astralino e psíquico do globo terrestre ainda era de manipulação razoavelmente simples. Inexistia a contaminação fluídica, produto do pensamento desordenado, ou pelo menos ela se apresentava num nível infinitamente mais brando do que se vê na atualidade, a tal ponto de pôr em risco o equilíbrio da ecologia sutil. Era diminuta a população de encarnados, disposta em grupos esparsos pelo orbe, e não havia a fuligem mental de desencarnados, cujo contingente era bem menor e, acima de tudo, composto por almas predominantemente instintivas, ignorantes e ingênuas.

Sendo assim, é nesse ambiente "virgem", que resguardava relativa simplicidade psíquica, que os magos negros encontraram o campo vibratório que favoreceu seu desenvolvimento e o consequente planejamento de suas operações e organizações. Ignoravam, contudo, que eram manipulados por outros seres, ainda mais perigosos do que eles: os chefes de legião dos dragões. Os magos queriam acreditar que eram os senhores absolutos das próprias ações, rejeitando qualquer apelo por parte de seus antigos mentores e mestres. Mesmo hoje, a maioria dos magos, senão todos, não concebem que são dirigidos por espíritos ainda mais antigos e experientes na arte da sedução mental, como os dragões do mal. Contestam com veemência essa realidade e presumem ser soberanos no império astral, que dá mostras de franca decadência, diante dos progressos inevitáveis pelos quais o mundo passa, no âmbito do conhecimento e da espiritualidade.[10]

58 *Quer dizer que o poder desses magos era muito superior à força mental detida pelos magos da atualidade que transitam no astral? Se isso for correto, como explicar a decadência, demonstrada ao longo do tempo, de sua aptidão de lidar com os fluidos e energias do astral inferior ou da subcrosta, onde se localizam suas bases?*

[10] Ibidem, p. 264-265, 311-314 (apenas resposta).

É COMO disse antes (...). A ação direta sobre os fluidos ambientes, sem as complicações advindas das criações mentais perniciosas da atualidade, é um dos fatores que desembaraçava a manipulação energética naquela época recuada no tempo. Se compararmos com dados contemporâneos, havia uma quantidade bem menor de seres encarnados e desencarnados a agir na atmosfera psíquica do planeta. Como consequência disso, os elementos mentais e emocionais eram mais suaves, menos grosseiros e menos potencializados do que hoje em dia.

Também temos de considerar outro fato relevante. O saber trazido da pátria sideral, de onde aqueles espíritos emigraram, ainda aflorava com vigor de suas mentes, embora os cérebros físicos terrenos, primitivos que eram em relação a sua capacidade, estivessem muito aquém da possibilidade de expressá-la. Porém, eram dotados de tal grau de disciplina mental que venceram sem grandes esforços os obstáculos. Seu êxito era tanto que conseguiam trabalhar não somente com elementos da vida oculta, mas também do mundo físico. A proximidade dos tempos do exílio planetário, pois que haviam chegado recentemente à Terra, fazia com que os magos atlantes e lemurianos recordassem com razoável nitidez um sem-número de leis e métodos sobre como empregar a energia de seu pensamento para manipular tudo ao seu redor. Como era de esperar, essa lembrança foi progressivamente nublada, devido às sucessivas reencarnações e à necessidade de envolvimento na vida social mundana.[11]

59 *Após essa primeira fase, em que houve uma ação mais eficiente e irrestrita sobre os fluidos do ambiente terrestre, como os magos negros das gerações seguintes reagiram, à medida que o antigo conhecimento tornou-se obscuro ou foi migrando para camadas mais profundas de seu psiquismo?*

OBVIAMENTE, com o transcorrer dos séculos e milênios, as grandes civilizações que aportaram no planeta foram perdendo o contato com o conhecimento primordial. Na Antiguidade, res-

[11] Ibidem, p. 314-316 (pergunta e resposta).

tavam apenas fragmentos desse saber, e muitos dos antigos exilados já haviam retornado ao orbe de origem. Por essa ocasião, ficaram para trás apenas os retrógrados e seus aprendizes, que formaram os colégios de sábios e os templos iniciáticos. Os magos remanescentes, então sem a lucidez de outrora e distanciados do conhecimento original, agruparam-se em grandes confrarias, de acordo com as afinidades de cada um, formando colegiados.

Além disso, meus filhos, podemos deduzir que, aumentando, ao longo do tempo, a quantidade de seres encarnados, cresce em igual proporção o volume de matéria mental exalada por inteligências habitantes das duas dimensões da vida. Com os espíritos imigrantes já adaptados ao ambiente do planeta Terra, dá-se maior número de reencarnações, e assim a egrégora ou atmosfera psíquica do planeta vai se tornando cada vez mais densa e pesada, o que é acarretado pela proliferação dos pensamentos desgovernados, revoltados ou viciosos. Desse modo, os fluidos terrenos passam a responder com maior dificuldade à ação exclusivamente mental de seus habitantes.

Em resumo, são dois aspectos centrais. De um lado, a perda progressiva da memória espiritual dos degredados, bem como do acesso ao conhecimento superior, o que restringe a eficácia dos magos. De outro, o adensamento das vibrações e do próprio panorama astral, provocado pelo aumento do contingente populacional de baixa condição moral, o qual plasma, em derredor, uma realidade condizente com seu atraso evolutivo.[12]

60 *Então, o poder de influir sobre a matéria astral foi ficando cada vez mais restrito a um número menor de seres?*

PERFEITAMENTE (...). Perdendo o conhecimento superior devido ao fato de ficarem naturalmente absorvidos nas questões de sobrevivência, os poucos iniciados retiraram-se para os templos antigos, isolando-se em colégios fechados. Esse movimento se deu nos planos corpóreo e extracorpóreo; neste último, a conspiração

[12] Ibidem, p. 316-317 (pergunta e resposta).

de seres do astral formou diversas confrarias, cada qual sob o comando de algum mago que se mostrasse mais apto à condução dos demais. A partir de então, em ambas as dimensões, tanto os magos brancos quanto aqueles que se identificavam com os elementos de discórdia, no plano astral, viram-se compelidos a associar o poder do pensamento às *simbologias*. Tal ferramenta foi a solução encontrada para que os novos iniciados compreendessem e empregassem os conceitos da magia. Na fase que se seguiu, o conhecimento foi-se tornando ainda mais escasso, mesclando-se às simbologias, elaboradas com o nítido objetivo de fornecer muletas psíquicas aos iniciados.[13]

61 *E o que dizer dos colégios iniciáticos da Babilônia, dos caldeus e de outros povos contemporâneos a eles? (...)*

SEGUNDO OS registros do mundo espiritual, esse contexto a que você faz menção, meu filho,

[13] Ibidem, p. 317-318 (pergunta e resposta).

corresponde a um período ainda posterior à fase simbólica, à qual nos referimos há instantes. No ápice das sociedades citadas por você, os sacerdotes utilizavam elementos materiais e rituais não apenas como símbolos, mas também como condensadores de vibrações. Tais artefatos serviam então para substituir ou suplantar o poder mental perdido e aglutiná-lo, com o auxílio externo, de forma a atender aos fins propostos. Já que não conseguiam usar a força mental pura, ante a complexidade dos pensamentos e formas-pensamento que se multiplicavam no plano astral, elaboravam condensadores de energia mental, tais como amuletos, altares e outros objetos magísticos, sempre com uma única finalidade: acumular a força mental.

Os magos da Babilônia e da Caldeia, os sábios da Pérsia, as pitonisas da Grécia, sem exceção — todos empregavam os elementos simbólicos e concretos não como artifícios exóticos e, em essência, dispensáveis, mas como instrumentos para proceder à condensação de energia, que mais tarde poderia ser aplicada conforme desejassem. Vejam, por exemplo, o caso da arca da aliança dos israelitas, que funcionava como importante acumulador de energias, copiada por Moisés do modelo encontrado por ele nos templos egípcios, em sua peregrinação como iniciado em Heliópolis e Karnak.

Essa é a fase *fetichista* da história, em que os apetrechos materiais, de meros símbolos, convertem-se em elementos centrais, adquirindo *status* fundamental no exercício da magia, sobrepujando até o ensino de natureza propriamente espiritual. É a expressão material do culto ganhando destaque, em detrimento do essencial: a sabedoria imponderável, que sempre norteou, em solo terreno, todos os fundadores de escolas que professam algum princípio superior. Alguém identifica qualquer semelhança com a história do cristianismo e todas as grandes revelações que a humanidade conheceu?[14]

62 *Como entender a degradação ainda mais avançada dos processos de magia, a ponto de haver momentos em que os elementos simbólicos se transformaram em sacrifícios de pessoas*

[14] Ibidem, p. 318-320 (pergunta e resposta).

e animais? Como os magos ou estudiosos da vida astral puderam se degradar tanto assim?

SABE, meus filhos, a compreensão do ser humano e da realidade que cria em torno de si é rica e elaborada, inclusive no que se refere às questões mais simples do seu cotidiano. Imagine quando levamos em conta seus dilemas e os conceitos esdrúxulos que advêm de experiências dramáticas, vivenciadas nos dois planos de existência.

Sendo assim, no que concerne à fase fetichista e ao que falamos sobre esse estágio de aprendizado, é possível notar que os espíritos consorciados aos magos negros, já naquela época bastante distantes do conhecimento iniciático, efetivamente introduziram sacrifícios de pessoas e de animais em suas práticas. Visavam não apenas à condensação da força mental, mas também formavam campos magnéticos de baixíssima frequência, desprezando por completo o ensino espiritual. Davam início à magia negra mais primitiva e vulgar, que descambaria de vez, mais tarde, na chamada feitiçaria. Nesse conluio com as entidades das trevas, homens e espíritos desavisados se transformaram em instrumentos das forças do abismo. É um período que, cronologicamente, encontra seu ápice na Idade Média; felizmente, logo depois, é suplantado por ideias mais humanas e sadias, muito embora os efeitos de conchavos do gênero ainda perdurem nos dias atuais, em processos obsessivos gravíssimos.

A partir de determinado momento da história, na modernidade, renasce no interior dos templos, lojas e colegiados a sabedoria das leis da magia clássica e da alta magia. Inspirados pelo Alto, Éliphas Lévi,[15] Papus[16] e outros nomes dessa importante escola representam o advento de novos conhecimentos para os estudiosos no plano físico. A magia então retorna a um estágio de transição, menos degradado, situado entre as fa-

[15] *Alphonse-Louis Constant* (1810-1875), teólogo francês conhecido como *Éliphas Lévi*, foi grande ocultista e mantém-se como referência importante no tema até os dias atuais. Autor de mais de 30 livros, é lembrado por aqueles assinados sob seu pseudônimo, dos quais o mais célebre é *Dogma e ritual da alta magia*, publicado originalmente em 1855 (cf. http://fr.wikipedia.org/wiki/Eliphas_Levi).

[16] Nascido na Espanha, o francês *Gérard Encausse* (1865-1916), conhecido como *Papus*, radicou-se em Paris, onde se tornou um dos

ses simbolista e fetichista. Perde, pelos menos entre os humanos encarnados, o selo de negrume que por tanto tempo marcou o estudo das leis do ocultismo.[17]

63 *Qual a vantagem que os magos negros obteriam em manipular energias contra determinadas pessoas? Perguntamos isso devido ao número relativamente grande de indivíduos que se julgam vítimas de processos de magia negra ou feitiçaria.*

TALVEZ AQUELE que se imagina vítima da ação de magos negros se ache assim tão importante a ponto de despertar a atenção dessa categoria invulgar de espíritos. Agora sou eu que pergunto ao meu filho: por que razão um mago negro

maiores nomes do ocultismo mundial. De farta produção literária, ao longo da vida envolveu-se com diversas escolas, como teosofia, cabala, magia, maçonaria e rosacrucianismo, escrevendo sobre esses e outros assuntos. Em 1891, fundou a Ordem Martinista (cf. http://fr.wikipedia.org/wiki/Papus).

[17] Op. cit. p. 320-321 (pergunta e resposta).

dedicaria esforço para atingir aquele que não faz diferença ou não promove a renovação na sociedade ou na comunidade onde vive? Por que gastaria tempo com pessoas comuns, que não representam nenhuma ameaça a seus projetos, organizações e redutos? Até mesmo para ser obsidiado por esse tipo de espírito a pessoa deve ter *merecimento*, para fazer uma brincadeira. Afinal, para sobressair à vista de magos negros e cientistas da oposição, há que oferecer algo incomum, que lhes pareça perigoso ou denote risco para a consecução de seus planos. Definitivamente, não é qualquer um o alvo de seres assim. De modo geral, são indivíduos cuja atuação no meio onde vivem pode redundar em um fator qualitativo, de transformação; cuja forma de viver ou cujo pensamento e ensinamento constituam obstáculo aos planos sombrios.

Muita magia que pretensamente se vê por aí não passa de automagia, de magia mental ou auto-obsessão; não é mais que paranoia, neurose de espíritos ou psicose, que requerem a intervenção urgente de um "mago" psiquiatra para solucionar a problemática.

64 *Temos condições de enfrentar um mago negro em nossas reuniões de desobsessão, uma vez que espíritos como esses trabalham com a força mental e os elementais da natureza e nós ainda temos conhecimento limitado a respeito dessas coisas?*

CERTAMENTE que sim, e já falamos isso. Basta que meus filhos se preparem, estudem muito; que se inteirem das potências da natureza, de conceitos, ciências e ensinamentos que não são tão difundidos entre os adeptos do espiritismo, atualmente.[18] Sobretudo, que se coloquem sob a

[18] Há adeptos do espiritismo que censuram a discussão de determinados assuntos, classificando-os como *antidoutrinários*. Essa desaprovação é um erro. Em primeiro lugar, porque o conceito do que seja antidoutrinário está longe de ser consensual e muda ao longo do tempo — o estudo dos chacras, por exemplo, passou a ser aceito entre os temas considerados espíritas ao longo do século XX. Em segundo lugar, é notório que Kardec era um homem de cultura vasta, interessado nos mais diversos assuntos, fato que lhe permitiu a interlocução com inteligências do quilate de Platão, Sócrates e outros expoentes do pensamento ocidental, através da psicografia. Isso evidencia sua disposição para a abordagem de experiências e

proteção de espíritos que conhecem do assunto. Sob a tutela superior especializada e amparados pelo conhecimento e estudo constantes, meus filhos poderão se fortalecer para o enfrentamento de obsessões de natureza mais complexa. Não se deve esquecer, evidentemente, do Evangelho, pois, sem Evangelho, meus filhos serão apenas poços de conhecimento, mas desprovidos de sabedoria. O conhecimento convence, mas o Evangelho arrebata a alma da escuridão.

65 *Qual é o resultado da feitiçaria sobre uma pessoa? O feitiço pode atingir quem está inserido no trabalho do bem?*

conceitos que, a princípio, poderiam ser julgados despropositados. A demonstração mais explícita da postura aberta e irrestrita que cabe ao verdadeiro discípulo do espiritismo talvez esteja na publicação *Catálogo racional das obras para se fundar uma biblioteca espírita* (ver bibliografia), em que Kardec recomenda livros das mais diversificadas vertentes do conhecimento, espiritualistas ou não, inclusive os que são contra o espiritismo, defendendo, em última análise, o estudo de tudo quanto é tipo de saber.

Como diz um amigo de elevada esfera, tenham cuidado, meus filhos, pois, mesmo no trabalho do bem, vocês podem estar bem mal.

Diferentemente da magia negra, o feitiço visa situações terra a terra, questões familiares, emocionais, envolvimentos sexuais clandestinos ou desrespeitosos e, especialmente, as questões financeiras. Através de amarrações, são manipuladas forças de atração nos relacionamentos humanos, em negócios mal resolvidos, intrigas políticas e outros desentendimentos que envolvem dinheiro e coisas semelhantes.[19]

[19] Indagado sobre essa passagem, que parece atribuir às chamadas amarrações da feitiçaria algum nível de êxito, o espírito Pai João reitera suas afirmações. Explica que certas pessoas efetivamente sabem fazer amarrações e alguns feitiços, embora esse conhecimento esteja em extinção. Por determinado tempo, surtem efeito real, com duração máxima de sete anos, conta ele. Ao se aproximarem do término de sua validade, tendem a degenerar em brigas ou crimes. Do mesmo modo, as questões financeiras também podem ser influenciadas, mas nesse caso há grandes chances de o trabalho redundar em falência e suicídio de algum dos envolvidos. Ou seja, resultados temporários podem até ser obtidos, entretanto, invariavelmente, acabam em ruína.

A ação da feitiçaria está profundamente ligada ao uso do plasma sanguíneo, que em geral é extraído de animais por meio de rituais muitas vezes incompreensíveis. Marginais do astral — espíritos trevosos e malfeitores —, em troca do plasma que lhes é oferecido, costumam obedecer ao feiticeiro e atacar seus alvos mentais, e pouco importa que estes sejam pessoas religiosas. A substância que tais espíritos sorvem nos ritos, que age como uma espécie de droga, proporciona alguma forma de prazer sensorial doentio, mas, por ser a única forma de prazer que conhecem, isso faz com que se tornem submissos ao feiticeiro.

Entre esses espíritos utilizados pela feitiçaria vulgar, muitos se identificam como marginais, representantes do mal, malandros e boêmios desencarnados. Aproveitam as tendências e os desejos da chamada vítima — seja religiosa ou não —, acentuando-lhe tais inclinações e aumentando-lhe as chances e oportunidades de realizar os desejos, de maneira descompromissada e desprovida de orientação moral. A palavra de ordem é libertinagem, é satisfazer todos os impulsos da alma, sem filtros, afrouxando a noção de equilíbrio. Fomentam o aparecimento de circunstâncias favoráveis ao abandono das reservas morais e realçam antipatias ou simpatias, de forma a afastar lentamente sua presa do trabalho espiritual a que se dedica, se é este o caso.

A grande maioria de feiticeiros habita os cemitérios, quando desencarnados, tanto porque extraem desses ambientes as energias malsãs e os fluidos densos de que necessitam, quanto em virtude do peso vibratório de seu perispírito, que se mantém atraído magneticamente a lugares de tal natureza.

66 *Se os benfeitores afirmam que a magia negra é o pior método de obsessão*[20] *que se*

[20] A divisão tradicional dos tipos de obsessão (cf. KARDEC. *O livro dos médiuns*... Op. cit. p. 354-358, itens 237-240) — que separa o fenômeno em obsessão simples, fascinação e subjugação — classifica-lhes segundo a *gravidade* da patologia espiritual, sem se ocupar da *metodologia* empregada. Sendo assim, estudiosos propuseram a nomenclatura *obsessão complexa* para distinguir aquelas que usam ferramentas sofisticadas, como a tecnologia, entre as quais se enquadra também a magia negra. Trata-se de uma classificação com-

conhece, qual seria a pior forma de magia de que se tem notícia?

A MAGIA mental, praticada inescrupulosamente por muitos seres — e, em grande parte, sem notar que estão usando uma força hipnótica —, é a mais poderosa forma de magia existente.

Através da magia mental se engendraram as grandes guerras, causando lamentável destruição no ambiente terreno, na dimensão física e também na extrafísica. Primeiro, nascem

plementar, que vem *se somar* às demais. Nada há de incongruente nessa proposta com a política de Kardec, que defendia o caráter progressivo do espiritismo (ver: "Constituição do espiritismo". In: KARDEC. *Obras póstumas*. 1ª ed. esp. Rio de Janeiro: FEB, 2005, p. 418-422, item II. "Dos cismas". In: KARDEC. *Revista espírita*. Op. cit. p. 512-516, item II, v. XI, dez. 1868). A título de ilustração, em suas primeiras obras o Codificador não distingue entre *possessão* e *subjugação*; porém, mais tarde, reconhece o equívoco e aponta diferenças entre ambos os processos. Demonstra, assim, lúcida percepção de que nem tudo está terminantemente estabelecido (cf. KARDEC. *O livro dos médiuns*... Op. cit. p. 358, item 241, e KARDEC. *Revista espírita*. Op. cit. p. 499, v. VI, dez. 1863). (Nota adaptada de: PINHEIRO. *Legião*. Op. cit. p. 362, nota 24.)

pensamentos concebidos em meio a raiva, ódio, rancor, orgulho e desejo de vingança ou revide. Depois, os planos se revestem da energia verbal, momento que representa um salto expressivo, em que adquirem vida e tangibilidade no universo das criações mentais. Finalmente, concretizam-se na forma de ações intensas e objetivas, tudo de acordo com a vontade de seu idealizador.

A magia mental manifesta-se no cotidiano muitas vezes como pensamentos derrotistas, pessimistas, castradores da felicidade. Outras vezes, através de ideias, geralmente dissimuladas, de autopunição, culpa exacerbada, ódio ou raiva, rivalidades e desejos inconfessáveis. Tudo isso é magia, na medida em que aglutina fluidos discordantes em torno do ser que é centro gerador a cultivar tais pensamentos. Trata-se do supremo boicote a todo esforço pessoal em busca da felicidade e da autorrealização. Mais daninho que feitiços encontrados em quaisquer encruzilhadas, mais destruidor que vírus e bactérias, o pensamento desorganizado faz um estrago interno em seu emissor ou mantenedor, originando um círculo de vibrações baixíssimas em torno do indivíduo, de tal sorte que se vê prisioneiro num circuito fechado, que se interretroalimenta — daí a gravidade da magia negra de caráter mental.

Inúmeras pessoas que assistem à sua vida desmoronar, aos negócios falirem vez após outra ou à família sucumbir, em face dos problemas insolúveis, julgam-se vítimas de um feitiço ou uma maldição lançados por alguém, quando, na verdade, elas próprias se desorganizaram mental e emocionalmente. Geram formas-pensamento destrutivas e pestilentas; induzem situações que lhes favorecem posturas e escolhas que, por sua vez, acarretam sérias consequências, das quais mais tarde se arrependem amargamente, embora não consigam voltar atrás, desculpar-se, emendar-se e prosseguir de maneira diferente. Agem com falta de inteligência e sabedoria, em virtude de ideias desarmônicas e concepções degeneradas, que tornam sua vida um mar de lágrimas, lamentações e decepções.

O pior é que esperam que os espíritos resolvam por elas algo cuja gênese está dentro de si mesmas. Não ousam mudar; rejeitam qualquer apelo do bom senso para modificar a rota dos pensamentos e refazer suas vidas, julgando que um agente ou um fator externo constituem a única potência capaz de solucionar-lhes as questões aflitivas. Não há dúvida de que esse é o mais terrível dos feitiços, a magia mais forte e perigosa, e a obsessão mais complexa de que se tem notícia.

67 *E quanto aos processos de magia negra observados na psicosfera do Brasil: estarão relacionados diretamente com os magos negros ou terão outra procedência?*

Em geral, no Brasil, devido ao passado comprometido com a escravidão e ao abuso de poder sobre os povos africanos e seus descendentes, houve muitos processos de magia, associados ao conhecimento iniciático dos orixás e da lei de santo. A magia africana dispõe de elementos simbólicos, fetichistas e, muitas vezes, primitivos. Seu processo de iniciação é lento e gradual, e tem na manipulação de forças elementais um de seus aspectos de destaque.

Não há nenhuma espécie de associação com a ética ou as ideias cristãs, pois é uma expressão de religiosidade que se desenvolveu em separado do cristianismo. O ensino moral que deveria prevalecer, contido na mitologia dos orixás, previsivelmente se perdeu com o decorrer dos séculos, ainda mais porque se trata de tradição oral; isso ocorreu também em virtude da aculturação com o indígena e o homem branco, esta última tão opressora. É natural esperar, na medida em que esses cultos se mantiveram afastados dos propósitos elevados, que seus integrantes fossem utilizados pelos chamados senhores da escuridão. No entanto, não podemos classificar tais práticas como magia negra propriamente dita, ao menos sob a ótica segundo a qual são realizadas no astral. Esse tipo de atividade, que fere frontalmente os ideais do bem, deve ser catalogada como *feitiçaria*. Portanto, podemos considerar esse método como corrupção da magia, ao qual denominamos feitiçaria, nos casos em que se vê o abuso das energias da natureza, especialmente com a difusão de sacrifícios de animais e evocação indiscriminada de elementais e de outras forças da natureza e do mundo oculto.[21]

68 *Sabemos que a magia africana ou feitiçaria é uma forma mais material de manifestação da magia original. Como se dá a aplicação da feitiçaria ou do conhecimento iniciático africanista no cotidiano das pessoas atingidas pelo feiticeiro, sejam encarnadas ou do astral? Como o processo se desenrola?*

EM GERAL, meus filhos, a feitiçaria em si está relacionada a elementos da vida material e afetiva; em seu desenvolvimento, é comum contar com alianças espúrias entre seus agentes, um de cada lado da vida. Portanto, os feiticeiros do astral, tanto quanto seus comparsas encarnados, são exímios exploradores da sexualidade e dedicam-se a fazer seus trabalhos com o objetivo de provocar a união ou a separação de casais, bem como influenciar o aspecto financeiro dos cidadãos.

Existem casos mais mórbidos, em que com-

[21] PINHEIRO. *Legião*. Op. cit. p. 322-323 (pergunta e resposta).

prometem a saúde física de suas vítimas, causando até mesmo a morte do corpo físico. Nesses episódios, fazem uso das energias deletérias e tóxicas acumuladas nos cemitérios que não têm a devida proteção dos guardiões especializados, os caveiras. Os feiticeiros são extremamente dependentes do plasma sanguíneo e de rituais macabros para a concretização de seus intentos. Exploram os quiumbas — espíritos trevosos e malfeitores — em troca do plasma que oferecem a eles em seus sacrifícios. Com frequência, recrutam também marginais identificados como *exus menores* ou *exus inferiores*, malandros e boêmios desencarnados, que desonram o nome com que se apresentam indevidamente. É do conhecimento de todos que, originalmente, a falange de *exu* é sinônimo de ordem e disciplina e designa aqueles que se empenham por sua manutenção.

Ainda no que concerne aos pais de santo, feiticeiros e demais membros do culto africano, é preciso afirmar que, devido à pratica de atos condenáveis, ao desencarnar, costumam localizar-se em dimensões extrafísicas de baixíssima vibração. Isso decorre evidentemente da falta de comprometimento de tais cultos com a moral cristã, tomada como o conjunto de princípios universais e sublimes defendidos pelo Cristo e expressos no Evangelho.

Por essas e outras razões, os feiticeiros são presas fáceis dos magos negros. Ou, como ocorre tantas vezes, antes de reencarnar percorrem longo aprendizado nas escolas astrais controladas pelos magos, servindo, no plano físico, aos propósitos ignóbeis desses mestres das sombras.[22]

69 *Quando esses espíritos, os feiticeiros, se fazem presentes no ambiente espiritual das casas espíritas ou tendas umbandistas, costumam deixar sua marca ou seu rastro energético? Eles realmente conhecem as leis que presidem sua feitiçaria ou baixa magia, ou não?*

ATÉ MESMO sob a perspectiva da ardilosa trama que mantêm com os magos negros, que manipulam os feiticeiros como marionetes, fica patente que esses seres de fato conhecem certas

[22] Ibidem, p. 323-325 (pergunta e resposta).

leis, naturalmente em proporção inferior aos magos. Os feiticeiros astrais sabem manipular com eficácia as ervas e usam animais, ambos considerados como elementos dos mundos físico e extrafísico fundamentais à conclusão de seus projetos. Predominantemente, têm aparência magra ou esquálida, em consequência da perda exaustiva de energia vital, que lhes foi sugada tanto pelos magos negros quanto pelas entidades vampirizadoras jungidas a eles. Sua presença é vistosa e se faz notar nos ambientes, perceptível inclusive à sensibilidade mediúnica, dado o mau cheiro que exala de suas auras. São habitantes de cemitérios desprotegidos e cavernas próximas, em caráter regular.[23]

70 *Está claro que os feiticeiros se ocupam, de um modo geral, com coisas mais materiais e lançam mão de rituais exóticos e de acumuladores de energias psíquicas, tais como despachos, oferendas, ebós e outros. Porém, que sinais podem indicar ou sugerir a interferência dos magos ne-*

[23] Ibidem, p. 325-326 (pergunta e resposta).

gros, que difere bastante da característica dos feiticeiros? Será possível sabermos como sua ação atinge as vítimas, encarnadas ou não?

Os magos negros, ao longo dos milênios, têm aperfeiçoado seus métodos de ataque aos encarnados e desencarnados. Embora cada legião de magos tenha se especializado em determinada área, genericamente podemos identificar sua atuação na vida de alguém quando é detectada a presença de trabalhos de magia negra, isto é, de qualquer processo obsessivo complexo, no qual empregam intenso magnetismo, visando ao domínio mental do sujeito. Os magos podem realizar o empreendimento nefasto por si mesmos ou, então, confiá-lo aos seus subordinados, em especial os psicólogos desencarnados, que lhes servem em regime de parceria.

Há vários outros aspectos que podem ser indício da atividade de magos negros. A seguir, enumeraremos alguns exemplos curiosos. Primeiramente, os casos em que o psiquismo do indivíduo acha-se preso ao passado remoto, atrelado a rituais de natureza sombria, nos quais se submeteu a práticas sacerdotais ou iniciáticas estranhas e macabras. O prejuízo em sua vivência atual advém do fato de não conseguir se desvencilhar dos eventos dramáticos, pois ligações magnéticas robustas não se rompem simplesmente com o desencarne; muito pelo contrário. Dependendo da intensidade com que foram gerados, esses laços podem continuar a repercutir indefinidamente na história do sujeito.

Em segundo lugar, podemos destacar a existência de campos de força de elevada potência e com baixíssima frequência vibratória, acompanhados ou não de artefatos tecnológicos. No entanto, quando esses artefatos são efetivamente utilizados, há enorme probabilidade de que os magos estejam associados a cientistas do astral, que se desvirtuaram em seu trabalho e então labutam nas hostes sombrias.

Outra forma muito comum de os magos atuarem é na usurpação de energia vital, extraída principalmente por meio das forças sexuais da pessoa envolvida. Dão enfoque particular à larga exposição do indivíduo a conteúdo erótico, o que favorece o incremento desordenado do apetite e da atividade sexuais. Uma vez que necessitam do ectoplasma roubado de suas vítimas para realizar seus planos, procuram obtê-lo de quem quer que esteja a seu alcance; contudo, dão imenso valor àquele que furtam de sensitivos em geral, cuja plasticidade e apuro das emanações psíquicas é bem maior.

Como quarto ponto sintomático da ação de magos negros, identificamos o emprego indevido de elementais naturais em suas ações contra a humanidade. Todavia, costumam aplicá-los de modo altamente elaborado, específico e com requintes de crueldade, ao contrário do que se vê na feitiçaria, em que seu uso é indiscriminado e pouco detalhado. Esse é um fator muito frequente nos processos obsessivos complexos desenvolvidos pelos chamados senhores da escuridão.

Além de todos esses indícios, passíveis de ser coletados a partir de uma boa investigação medianímica, devemos mencionar outra gama de fatores, que seguramente denotam a ação desses espíritos perversos. Dizem respeito justamente ao andamento das atividades de intercâmbio espiritual. (...)

Basta confrontar-se com as seguintes questões para determinar se os agentes da magia negra estão se acercando da tarefa espiritual. Diariamente, veem-se disputas, brigas e fofocas predominando na equipe de trabalhadores? Costumam ser acarretadas pela ação dos magos, que, para suscitar distração, de modo que não sejam notados, enviam espíritos marginais e descompromissados — os chamados quiumbas — para colocar a casa em desordem. O tumulto geral e os problemas gerados evitarão que o foco dos dirigentes recaia sobre a ação sombria. No âmbito do exercício mediúnico, é preciso chamar a atenção para o fato de que, muitas vezes, os magos atuam sem que sejam percebidos pelo agrupamento, já que se envolvem em potentes campos de força, disfarçando assim sua presença nas reuniões. Como meio de se resguardarem ainda mais, ordinariamente recrutam espíritos galhofeiros como seu batalhão de choque, artifício que tira o foco dos médiuns e atrás do qual se escondem.

Há ainda diversas situações que sugerem a interferência de magos negros e seus auxiliares, às quais devemos ficar alertas. Toda compulsão ao uso e abuso de poder, domínio mental e impulsos os mais variados, quando são realmente difíceis de serem contidos. Como já foi dito, intenso envolvimento com sensualidade ou sexualidade exacerbada, o que pode significar mobilização dos sexólatras em favor da magia negra e do roubo de energias vitais, visando à manutenção das bases das sombras. Casos de licantropia, zoantropia[24] e muitos outros, em que a forma perispiritual humana de seres encarnados ou não foi desfigurada. Sobre esse particular, há um tipo relativamente frequente de ser observado no astral inferior, principalmente nas zonas subcrustais: a degeneração da aparência humana com a consequente transformação do indivíduo em *ovoide*.[25] E, para finali-

[24] Segundo a conceituação espírita, licantropia e zoantropia são patologias espirituais caracterizadas pela adoção de aparência animal ou animalesca pelo perispírito. Respectivamente, dizem respeito à transformação em lobo, especificamente, e em qualquer animal, de modo geral, apesar de o primeiro termo não raro ser empregado de maneira indiscriminada (cf. XAVIER. *Libertação*. 2ª ed. esp. Rio de Janeiro: FEB, 2010, p. 76-77).

[25] Termo utilizado pela primeira vez pelo espírito André Luiz, que relata a existência de ovoides (cf. ibidem, p. 88 passim. Cf. XAVIER. *Evolução em dois mundos*. 20ªed. Rio de Janeiro: FEB, 2002, p. 116).

zar, os casos de perversidade, crimes hediondos e loucura repentina. Todos são indicativos da intromissão dos magos negros e caracterizam igualmente obsessão complexa.[26]

Assim como ocorre com as zoantropias, a perda da forma perispiritual humana pode se dar por autoindução, em casos graves, mas comumente é provocada por espíritos experientes através de técnicas de hipnose profunda e sujeição mental. É importante não confundir essa situação com a teoria dos *espíritos glóbulos*, referida anteriormente (cf. KARDEC. *O livro dos médiuns*... Op. cit. p. 165-167, item 108). É interessante notar que, embora hoje seja largamente aceita no meio espírita, a existência dos ovoides já foi alvo de controvérsias: "A ação vampiresca desses *ovoides* é aceita por muitos espíritas amantes de novidades. Mas essa novidade não tem condições científicas nem respaldo metodológico para ser integrada na doutrina. Não passa de uma informação isolada de um espírito (...). André Luiz manifesta-se como um neófito empolgado pela doutrina, empregando às vezes termos que destoam da terminologia doutrinária e conceitos que nem sempre se ajustam aos princípios espíritas" (PIRES. *Vampirismo*. 9ª ed. São Paulo: Paideia, 2003, p. 21).

[26] PINHEIRO. *Legião*. Op. cit. p. 326-331 (pergunta e resposta).

71 *Pelo que foi dito, podemos concluir que a humanidade está quase à mercê da ação dos magos negros?*

NÃO É À TOA, meus filhos, que a magia negra, conforme é praticada no submundo astral, constitui a pior forma de obsessão conhecida até o momento. O império dos magos engloba uma miríade de espíritos altamente técnicos e capacitados, que, sob seu comando, têm invadido o acampamento dos encarnados. Graças a Deus, os mentores da Vida Maior dispõem de recursos cada vez mais eficientes no combate às obsessões complexas. Vocês mesmos, assim como os guardiões e especialistas da noite, são um time de agentes do plano superior, os quais os magos temem e respeitam; seu trabalho, embora até agora tenha passado despercebido dos companheiros espíritas e umbandistas, representa importante fator de poder, que de modo algum pode ser subestimado, no tocante à luta contra a magia negra. Além disso, a umbanda bem orientada, a apometria, os trabalhos espíritas e outros recursos promovidos pelo Alto são ferramentas que têm se mostrado eficazes, postas à disposição objetivando o sucesso dessa ação mundial de combate às obsessões complexas, que se desenvolvem sobretudo sob o comando dos magos.[27]

72 *O feitiço realizado na encruzilhada pode transmitir fluidos nocivos a qualquer pessoa que deparar com ele ou tocar nele, acidental ou intencionalmente?*

DEPENDE, meu filho. Na hipótese de quem encontra o feitiço não ser o endereço vibratório, a energia ali concentrada não lhe causará impacto da forma ou com a intensidade como ocorreria com o alvo predeterminado. No entanto, conflitos íntimos mal resolvidos e atitudes como medo, deboche e zombaria, ou mesmo a importância que se dá ao episódio, efetivamente podem desencadear no psiquismo do sujeito um estado de desequilíbrio e suscetibilidade. Uma das maneiras pelas quais isso sucede é se porventura no entorno do feitiço houver entidades vampiriza-

[27] Ibidem, p. 331-332 (pergunta e resposta).

doras, espíritos grosseiros e malfeitores, que se sintam ofendidos ou atraídos por eventuais comentários e atitudes, emoções ou pensamentos de quem passa. Logo esses seres extremamente materializados estabelecem sintonia com o transeunte e buscam, de algum modo, influenciá-lo, para depois transferir energias densas e deletérias para a periferia dos corpos etérico e perispiritual. Formam-se cúmulos mórbidos com grandes chances de converterem-se em mal-estar e enfermidade, conforme a tendência individual. Como se pode notar, não é o feitiço ou despacho propriamente dito que ocasionou algum estrago, mas, sim, a postura imprudente que se adotou.

Considerando-se que espíritos esclarecidos e superiores jamais compactuam com práticas como essas, encontradas em esquinas e lugares públicos, podemos asseverar que a frequência energética dos desencarnados que se sentem atraídos por tais trabalhos é compatível com a baixa vibração desses mesmos condensadores, em todos os sentidos.

Assim sendo, ao cruzar com algum despacho, o melhor mesmo é seguir seu caminho, sem envolver-se mental ou emocionalmente, talvez fazendo uma prece por aqueles seres extrafísicos que se comprazem em tais práticas. Não se trata de uma atitude mística, como demonstramos, mas um gesto sábio.

73 *Qualquer um pode despachar um feitiço numa encruzilhada com o mesmo resultado que obtém um feiticeiro ou a pessoa deve ter preparo para tal?*

A GRANDE maioria das pessoas que se vale de tal prática não possui nem o conhecimento nem a força ativa e vital — ou, conforme dizem os entendidos, o *axé* — capaz de dinamizar os fluidos imprescindíveis ao ato que intenta praticar. O conhecimento verdadeiro e pormenorizado do feitiço e a energia mental para manipular devidamente o energismo elemental é para muito poucos, na atualidade. A maior parte faz alguma iniciação medíocre com quem quer apenas ganhar dinheiro em alguns cursinhos, à custa da credulidade alheia; lê alguns livros de cultura espiritual considerada exótica ou misteriosa, escassos em substância e consistência, cuja qualidade é questionável, e logo se põem a fazer coisas que julgam funcionar, como ocorre com a maioria dos chamados ebós, feitiços ou despachos que são vistos por aí. O conhecimento, a força mental, a disciplina exigida para manipular tais vibrações, ainda que de baixa frequência, não são encontrados na pessoa comum, nem nos ditos pais e mães que se põem a explorar a vida e a fé do próximo, compactuando com espíritos embusteiros e atrasados. Mesmo entre os iniciados, poucos, pouquíssimos detêm aptidão e vitalidade energética para manipular e orientar as energias despertadas nessas práticas.

Aliás, aquele que faz oferendas, despachos e ebós em ambiente urbano, em encruzilhadas e ruas da cidade, assim mesmo já atesta desconhecimento das leis da magia, da feitiçaria e mesmo do culto que pretende seguir. Sabidamente, as forças a serem evocadas tanto quanto os seres extrafísicos que auxiliam nesses processos dispõem de mais energia e mais liberdade de ação em meio à natureza, a qual lhes oferece maiores recursos, e não em áreas urbanas, cuja egrégora é infestada pelo produto dos pensamentos e ações do homem moderno.

Diante da sujeira ocasionada por apetrechos exóticos em meio às cidades, pergunto: como uma prática derivada de cultos que afirmam honrar as forças da natureza pode deteriorar-se a ponto de poluir o meio ambiente e, por conseguinte, a própria natureza, fonte das energias a serem utilizadas? Despachos e hábitos desse tipo não deveriam inspirar, na população, a confiança em sujeitos que alegam saber fazer e acontecer, mas desrespeitam as mais simples noções de higiene, além de estarem psiquicamente contaminados e emocionalmente comprometidos com espíritos ignorantes com os quais estabelecem relação simbiôntica. É bem como diz o Evangelho: "São condutores cegos. Se um cego guiar outro cego, ambos cairão na cova".[28]

74 *Qual a situação do feiticeiro no plano extrafísico, após o desencarne?*

[28] Mt 15:14.

AQUELE que compactua com seres de baixa frequência energética, fazendo conluios e pactos com entidades más, maldosas ou de vibração barôntica, em muitíssimos casos se torna prisioneiro dos despojos carnais enquanto putrefazem no interior das sepulturas. Presencia os vermes se alimentando do antigo corpo, ao passo que sua mente desgovernada se vê refém de imagens e pesadelos ligados aos atos praticados durante o período encarnatório. Quando consegue se livrar das amarras fluídicas que até então o prendiam ao corpo em decomposição, depara com seus antigos comparsas — agora convertidos em verdugos —, que lhe reclamam o fornecimento de energia e plasma sanguíneo, aos quais se acostumaram nos enfeitiçamentos e trabalhos espúrios. Elementais viciados pelo ex-feiticeiro grudam-se como animais vorazes e sedentos em sua aura, de forma a sugar as últimas reservas de vitalidade porventura encontradas em seus corpos etéreos. Como se não bastasse, espíritos viciados, vampiros de energia ou mesmo magos negros o arrastam para seus antros sombrios, nas regiões mais profundas da erraticidade, conservando-o sob ação hipnótica. Nesse estado, o sofrimento é indizível,[29] e em todos os sentidos o indivíduo fica à mercê do impacto vibratório de forças elementais, que confundiu com os sagrados orixás em sua ignorância, arrogância e presunção.

A grande maioria desses feiticeiros fará parte do contingente que deve ser deportado para mundos mais densos e primitivos,[30] a fim de resgatar, em ambientes e situações mais compatíveis com a maldade que praticou, e sob o influxo de amargas lágrimas, a pesada carga vibratória que manipulou e as consequências infelizes que desencadeou durante a vida física.

[29] "Não há descrição possível das torturas morais que constituem a punição de certos crimes. Mesmo o que as sofre teria dificuldade em vos dar delas uma ideia. Indubitavelmente, porém, a mais horrível consiste em pensarem que estão condenados sem remissão" (KARDEC. *O livro dos espíritos*. Op. cit. p. 550-551, item 973).

[30] Explica o espiritismo que os espíritos maus "irão para mundos novos, menos adiantados, desempenhar missões penosas, trabalhando pelo seu próprio adiantamento, ao mesmo tempo que trabalharão pelo de seus irmãos ainda mais atrasados" (ibidem, p. 580, item 1019).

75 *Qual é a ação do feitiço nas auras e nas mentes tanto do feiticeiro quanto da pessoa que o encomendou?*

O AGENTE que desencadeia ou manipula energias densas e malsãs já tem em si mesmo a resposta da vida para as atitudes ignorantes e irresponsáveis a que se entrega. Geralmente, são pessoas em franco desequilíbrio emocional, infelizes, briguentas e arrogantes, que vivem à margem da sociedade.

Querem para si uma posição de respeito de alguns subordinados, igualmente ignorantes das leis espirituais, porém jamais conseguem um relacionamento sadio, tampouco a qualidade de vida que os faça sentir segurança e felicidade.

No âmbito energético, suas auras ficam povoadas de formas-pensamento desarmônicas e daninhas, bem como de elementais que se viciaram nos fluidos densos emanados do sangue de animais e de outros tipos exóticos de oferendas. Verificam-se aberturas consideráveis nas auras de tais pessoas, rompendo a tela etérica e até mesmo a tela búdica, as quais serviriam como proteção natural contra a investida de entidades de frequência barôntica, o que ocasiona baixa considerável de sua resistência energética e vital.[31] Pode-se considerar que tanto as pessoas que encomendam práticas de feitiçaria quanto aqueles que pretendem satisfazer sua clientela incomum são indivíduos em franco processo de obsessão complexa.

Os que contratam tais trabalhos também já são infelizes por si mesmos na esfera pessoal e emocional. Se recorrem a feiticeiros modernos que se revestem de nomes pomposos para executar seus desejos em conluio com entidades trevosas e também ignorantes, é porque se consideram incapazes na vida. Não conseguem se fazer amar com naturalidade por aqueles que

[31] Indagado sobre este ponto, até pela escassez de fontes consagradas e originais a respeito das citadas telas, o médium Robson Pinheiro comentou o que reproduzimos a seguir, assinalando quanto o campo está aberto à pesquisa: "A *tela etérica* encontra-se entre os corpos etérico e perispiritual e tem como função impedir o contato irrestrito do ser humano com a dimensão extrafísica, além de constituir proteção energética natural contra intrusões psíquicas, parasitas energéticos e formas mentais inferiores. Embora tomada por grande parte dos estudiosos como sinônimo de

elegem como vítima de suas emoções doentes, ou então, veem-se infelizes, como realmente o são, perante alguém que decidem prejudicar, seja por inveja, vingança ou ódio desmedido. Igualmente, são pessoas carentes de misericórdia e compaixão, pois estão entregues à auto-obsessão; vivem uma paranoia e carregam o peso de suas companhias espirituais de baixíssima vibração em processos obsessivos de gravíssima proporção.

76 *Como desfazer um trabalho de feitiçaria numa casa espírita? Ou somente em uma casa umbandista se poderá desmanchar o feitiço?*

tela etérica, estamos convencidos de que a *tela búdica* localiza-se numa dimensão superior, entre os corpos mental e búdico. Trata-se de mais uma estrutura de proteção do ser encarnado, preservando-o em nível amplo de toda sorte de pensamentos e energias mentais que ameacem a organização do psiquismo e da vontade. Rompida a tela búdica, abre-se campo para a loucura e a perda da capacidade de uso da razão, sobretudo devido aos sentimentos de culpa do passado, somados aos do presente, que eclodem de forma esmagadora."

A SOLUÇÃO do problema, isto é, do feitiço e de suas consequências nefastas, não depende de uma ou outra bandeira religiosa, mas de ser o agrupamento mediúnico seguro, estudioso e conhecedor dos intricados processos tocantes à feitiçaria ou mesmo à magia. O sucesso depende igualmente de uma assistência espiritual superior e que entenda do tema, para abordá-lo com eficácia e sem prejuízo dos integrantes do grupo. Seja onde for, para desfazer um feitiço não há nenhuma necessidade de usar métodos análogos ao do feiticeiro. Em outras palavras, é desnecessário realizar oferendas, despachos e outras coisas semelhantes, que são, na verdade, impróprias ou sem nenhum valor energético para o enfrentamento dessas situações.

Nesses casos, o ideal é que a equipe mediúnica, seja ela umbandista ou espírita, conte com a habilidade de médiuns de desdobramento dotados de clarividência extrafísica ou lucidez fora do corpo. Devem adentrar os domínios do invisível em parceria ou acompanhados por espíritos liderados por quem entenda do assunto e saiba manipular as forças da natureza, os elementais e as formas-pensamento; em geral, esse papel cabe aos espíritos que se apresentam como pais-velhos e velhos guerreiros índios e xamãs. Descrevendo de maneira resumida, necessitarão ir até o local em que o feitiço foi feito, onde o médium doará ectoplasma para arrancar ou desvincular daquele ambiente a forma astral do enfeitiçamento, trazendo-a para a casa onde se reúnem. Ali, trabalhando com energias e elementais, principalmente as salamandras e certas forças elaboradas no Sol e irradiadas para o planeta, é possível queimar a contraparte energética ou etérica do trabalho espúrio.

Existe também a antigoécia através da ectoplasmia, quando entidades especializadas nessa técnica desmaterializam o feitiço, trazendo algumas vezes as entidades que patrocinaram tal feito. Também se observa nessas reuniões, que necessitam contar com médiuns de efeitos físicos, a condensação de energias em forma de cacos de vidro, pregos, ossos e outros artefatos que podem aparecer. Não significa que necessariamente tais objetos foram usados nos processos de enfeitiçamento. Ocorre que os fluidos manejados durante o processo nefasto tomam semelhante aspecto devido à baixa frequência vibratória que apresentam; ao se materializarem, adquirem contornos minimamente compatíveis com o teor energético movimentado no instante de sua criação. Eis por que, muitas vezes, vê-se nessas reuniões a aparição de objetos estranhos e até curiosos: a energia absorvida na antigoécia se transforma nesses artefatos ao cruzar as fronteiras da dimensão física.

Executada a antigoécia desta ou daquela maneira, não se deve esquecer do cuidado àquele que é o alvo mental do processo; resolvida a causa, é hora de remediar os danos. É altamente recomendável que esse indivíduo se coloque sob intenso tratamento biomagnético, a fim de liberar os elementos nocivos, as criações mentais enfermiças e as estruturas etéricas mórbidas que muito provavelmente se aderiram a seus corpos vital e perispiritual. A aplicação de passes magnéticos será a melhor terapêutica para a eliminação dos fluidos densos oriundos do feitiço.

Enquanto isso, a terapia psicológica ou o acompanhamento emocional será desejável, caso se constate realmente que a pessoa foi vítima da ação de feiticeiros — ou, ainda com mais propriedade, se porventura é ela própria o artífice do feitiço mental contra si.

77 *E quanto à atitude da vítima do processo obsessivo complexo levado a efeito pelos magos negros? Que comportamento deverá ter o indivíduo vitimado pela magia negra?*

É CLARO que a reversão do processo obsessivo complexo demanda também, da parte da pessoa visada, a promoção de uma mudança de hábitos e da elevação da frequência vibratória de seus estados mentais, o que se consegue através de estudo e disciplina mental, bem como de apoio e orientação emocional. Aliás, nesse quesito, nada há de diferente do que é necessário com vistas à cura de qualquer obsessão, talvez com a singularidade de a modificação ser ainda mais emergencial, dada a gravidade do quadro apresentado.

Sempre vale lembrar que a reeducação do pensamento, por meio da devida reprogramação mental e emocional, é fator de extrema importância, sem a qual o uso de qualquer técnica terá êxito muito limitado.[32]

Outra peculiaridade que se deve levar em conta são os reflexos vibratórios persistentes, fruto da ação dos magos nos processos de obsessão complexa. Mesmo que se coloque fim ao processo obsessivo, existirá ainda o resquício dos fluidos movimentados pelo mago negro, adicionados e misturados ao *quantum* energético da vítima por um intervalo de tempo mais ou menos longo. Por essa razão, muitas vezes o sujeito permanece sentindo certo incômodo por algum período, pois não liberou tais resíduos de sua constituição física, vital e perispiritual. Eis por que não se deve prescindir do tratamento magnético, necessário para dissi-

[32] É Jesus quem deixa clara em seus ensinamentos a importância do fator *mudança* para pôr fim a processos de dominação infeliz, ressaltando a urgência da modificação interior e, por conseguinte, da conduta do sujeito "curado". Isso fica patente em vários momentos, como na recomendação sintética que dá à mulher que seria apedrejada, após libertá-la de seus algozes — "Vá e não peques mais" (Jo 8:11) —, e no alerta ao homem que fora curado em Betesda: "Olha, agora já estás curado. Não peques mais, para que não te suceda coisa pior" (Jo 5:14).

par esses reflexos.

Faz parte da recuperação do indivíduo o tratamento visando desintoxicar o duplo etérico e, por conseguinte, deter a perda de ectoplasma. Os passes magnéticos objetivam o reajuste do sistema nervoso, que foi prejudicado devido à ação obsessiva complexa. Além desses recursos, o auxílio terapêutico para a reorganização emocional da pessoa vitimada pela magia é algo de caráter igualmente relevante. Qualquer que seja o processo em foco, tanto a magia propriamente dita como a ação de cientistas, com implantes de *chips* e aparelhos parasitas, todos desorganizam tão profundamente as emoções e as faculdades do pensamento que, após a abordagem do obsessor, o ser acometido desse mal demorará um prazo relativamente longo para libertar-se completamente das consequências da influência nefasta.[33]

78 *É certo considerar os médiuns de hoje como a reencarnação de magos do passado?*

[33] PINHEIRO. *Legião*. Op. cit. p. 338-340 (pergunta e resposta).

NEM SEMPRE é assim, meu filho. Apenas em alguns casos vemos antigos magos reencarnados com tarefas específicas na área da mediunidade, objetivando o esclarecimento de comunidades e agrupamentos com os quais têm envolvimento mais intenso. Costumam viver sozinhos como sozinhos viveram no passado, no interior de templos e colégios iniciáticos. Não obstante, em torno deles se vê alguma obra de relevância, por serem tanto espíritos de uma hierarquia considerável quanto conhecedores profundos das leis da magia, do mentalismo e da natureza de modo geral, embora não se mostrem interessados em divulgar tais aquisições. Esse é o caso dos antigos magos que usaram seus conhecimentos para o bem.

Na sua maioria, os médiuns são pessoas comuns, espíritos comuns que erraram muito no passado, em várias situações, e não somente na prática das questões espirituais. Não podemos considerar todos os médiuns como espíritos especiais, detentores de conhecimento notável ou invulgar, tampouco tê-los na conta de grandes iniciados do passado. Pelo contrário, são seres profundamente necessitados de reajuste através do trabalho constante em favor de si mesmos e do próximo. Nada mais que isso.

Ocorre é que muita gente quer chamar a atenção para algo que não é, e realçar dotes espirituais que não possui. Esquece que, se está reencarnada no contexto atual, é que precisa estar entre seus iguais a fim de resgatar muitas ações lamentáveis que perpetrou no passado. Ser médium, com raras exceções, não implica situação espiritual significativa, mas regenerativa.

79 *Todos os médiuns reúnem condições de lidar com os processos de magia e feitiçaria?*

ISSO EQUIVALERIA a dizer que todo médico está apto a tratar de problemas mentais e que qualquer cirurgião pode operar uma hérnia. Cada médium tem sua especialidade, assim como sua afinidade, sua aptidão.[34] Outra coisa que se tem

[34] "Porém, de par com a aptidão do Espírito, há a do médium, que é, para o primeiro, instrumento mais ou menos cômodo, mais ou menos flexível (...). Laboraria, pois, em erro quem, simplesmente por ter ao seu alcance um bom médium, ainda mesmo com a maior

de levar em conta é o conhecimento individual e o tipo de espírito com que mantém empatia vibratória nos trabalhos práticos. Não basta ser médium para psicografar e não basta psicografar para escrever poesia, digamos, ou comunicações extensas, como as de um livro; do mesmo modo, não é qualquer médium que pode oferecer recursos para efeitos físicos e materialização.[35]

Cada qual no território onde foi chamado a servir. Quando um médium intenta fazer aquilo para o que não foi habilitado ou não tem vocação, corre sério risco de falir em sua tarefa pes-

facilidade para escrever, entendesse de querer obter por ele boas comunicações *de todos* os gêneros" (KARDEC. *O livro dos médiuns*... Op. cit. p. 263-264, itens 185-186. Grifo nosso).

35 Cf. Ibidem, p. 265-284, itens 187-199. Nesse trecho, enumeram-se as variedades de médiuns e faculdades. É tão fundamental que o espírito Sócrates sentencia: "Este quadro é de grande importância (...). Ele deverá estar constantemente sob as vistas de todo aquele que se ocupa de manifestações, do mesmo modo que a *escala espírita*, a que serve de complemento. Esses dois quadros reúnem todos os princípios da Doutrina e contribuirão, mais do que o supondes, para trazer o Espiritismo ao verdadeiro caminho" (ibidem, p. 282, item 197).

soal — embora, lamentavelmente, seja comum ver médiuns querendo copiar o outro, principalmente quando este realiza a parte que lhe cabe com conhecimento e desenvoltura. Almejando ser aclamado como seu parceiro ou colaborador, o médium iniciante esforça-se ao máximo para desenvolver aptidões mediúnicas ou paranormais idênticas às que vê no outro.[36] A todo custo, procura receber comunicações dos mesmos espíritos, inclusive com trejeitos, expressões e características que identifica naquelas trazidas através do colega mais experiente.[37] Esquecem-se de que, se todos fizerem as mesmas coisas, não haverá quem faça outras igualmente necessárias.

Esse processo não é novo, quando se observa, em determinada comunidade, o exercício

[36] Cf. "Médiuns invejosos" (ibidem, p. 281, item 196).

[37] "Em erro grave incorre quem queira forçar de todo modo o desenvolvimento de uma faculdade que não possua. Deve a pessoa cultivar todas aquelas de que reconheça possuir os germens. Procurar ter as outras é, acima de tudo, perder tempo e, em segundo lugar, *perder talvez, enfraquecer com certeza, as de que seja dotado*" (ibidem, p. 283, item 198. Grifo nosso).

da faculdade mediúnica ou dos *carismas*, como outrora dizia o apóstolo Paulo. Em um dos capítulos em que trata de forma magistral o assunto, ele escreveu:

"A manifestação do Espírito é dada a cada um para o que for útil. A um pelo Espírito é dada a palavra da sabedoria; a outro, pelo mesmo Espírito, a palavra da ciência; a outro, pelo mesmo Espírito, fé; a outro, pelo mesmo Espírito, dons de curar; a outro, a operação de milagres; a outro, profecia; a outro, discernimento de espíritos; a outro, variedade de línguas, e a outro, interpretação de línguas. Assim como o corpo é um, e tem muitos membros, e todos os membros, sendo muitos, formam um só corpo, assim é Cristo também. Ora, o corpo não é um só membro, mas muitos. Se todo o corpo fosse olho, onde estaria o ouvido? Se fosse todo ouvido, onde estaria o olfato? Mas Deus colocou os membros no corpo, cada um deles como quis. E, se todos fossem um só membro, onde estaria o corpo?"[38]

[38] 1Co 12:7-10,12,14,17-19. A diversidade dos dons ou *carismas*, segundo algumas traduções, é objeto de 1Co 12;14.

80 *Ervas podem ser usadas em trabalhos de enfeitiçamento e magia? Em caso afirmativo, como isso é possível, uma vez que trazem tanto benefício à humanidade?*

NAS ROÇAS e barracões de candomblé, as ervas representam o próprio orixá, diferentemente do que ocorre na umbanda, que adota outras formas representativas. No culto de raízes africanas, isso é de tal modo soberano que, como já foi dito, não existe orixá sem ervas, tanto quanto não há como despertar a força das ervas sem o orixá. Na quiumbanda[39] — vertente na qual se pretende praticar a feitiçaria —, são usadas ervas e outros apetrechos como instrumentos do enfeitiçamento.

De toda forma, semelhante situação não

[39] *Quiumbanda* é a prática da maldade ou, pelo menos, aquela que se serve dos *quiumbas*, aproximando-se dos propósitos dessa categoria de espíritos, vândalos e marginais do astral. Importa não confundir com *quimbanda*, uma das linhas ou ramificações da umbanda em que atuam com prevalência os exus e bombonjiros ou pombajiras, cuja função principal é justamente a antigoécia ou "desmanche" de obras da feitiçaria.

acontece somente com as ervas. Muitas vezes, em mãos habilidosas de quem detém conhecimento, diversos recursos naturais e benéficos à humanidade podem ser empregados de maneira a prejudicar as pessoas. As ervas em si, como qualquer outro instrumento, são neutras. Depende inteiramente daquele que as manipula o direcionamento que dará ao energismo sagrado; sem dúvida, é possível usá-las como condensadores energéticos ou emissores de determinados fluidos para facilitar os trabalhos de feitiçaria.

Existem algumas ervas que possuem propriedades tóxicas, absorventes ou mesmo que emitem certos fluidos considerados perniciosos ou provocadores de reações alérgicas ou outras piores nas pessoas. Contudo, essas mesmas ervas servem de matéria-prima para produção de medicamentos. De igual maneira, as demais, cujo efeito é benéfico, quando ministradas inadequadamente — numa dosagem maior que o indicado, por exemplo —, tornam-se prejudiciais, provocando resultados indesejáveis e até mesmo envenenando o indivíduo. Por esses e outros motivos, não basta a intuição para lidar com a fitoterapia, quer convencional, quer energética. É preciso estudar e conhecer. O mesmo princípio vale para os trabalhos práticos dos orixás e demais cultos que recorrem às forças da natureza e aos seus elementos mágicos e curativos.

81 *Que você diz sobre o papel da vela nos rituais de enfeitiçamento? Realmente pode surtir efeito acender uma vela para prejudicar alguém?*

A VELA e outros apetrechos, no contexto de um ritual, são capazes de provocar grande efeito, principalmente na mente da pessoa que o pratica.[40] Quando o indivíduo acredita, a ferramenta de que lança mão funciona como uma muleta psíquica, que desencadeia a força mental ou a dinamiza, segundo a direção que lhe é dada. Dessa forma, não é a vela em si que possui o poder mágico; não é o instrumento material que detém algum potencial oculto. Em verdade, são elementos que desempenham o papel de con-

[40] Cf. KARDEC. *O livro dos espíritos*. Op. cit. p. 345, item 554.

densadores energéticos ou transformadores de energia, a fim de que o interessado irradie seu pensamento com mais eficiência.

Eis mais uma diferença entre o mago negro e o feiticeiro. O mago não precisa de instrumentos visíveis e materiais para irradiar, dinamizar ou amplificar sua força mental, porque conhece em profundidade os mecanismos que regulam a emissão e a transformação desse tipo de energia. As leis do mentalismo são para ele algo comum, de que se vale conforme sua necessidade e habilidade mental. Para quem não tem familiaridade com tais conhecimentos — que são teóricos, mas também práticos —, os elementos concretos tornam-se o método de desencadear determinada reação mental em si próprio, tal como um catalisador. Sem ele, não conseguiria realizar aquilo que pretende.

82 *Como são manipulados os endereços vibratórios e os condensadores energéticos nos trabalhos de feitiçaria? Você poderia nos esclarecer a esse respeito?*

O ENDEREÇO vibratório, na linguagem contemporânea, talvez pudesse ser comparado a um *hyperlink*, isto é, uma rota ou um caminho através do qual o feiticeiro ou qualquer pessoa pode acessar a mente a ser atingida. Pode-se aplicar esse princípio tanto nos trabalhos de feitiçaria quanto nas atividades de auxílio a pessoas distantes, através da irradiação do pensamento e da emissão fluídica. O endereço vibratório corresponde à localização energética do *alvo mental*, isto é, daquele que se pretende alcançar: onde se encontra, qual sua característica emocional e vibracional. Enfim, é uma senha para detectar o rastro magnético que todo ser vivo tem, uma espécie de identidade energética.

Ao empreender alguma irradiação do pensamento, seja benéfica ou maléfica, o agente usa o endereço vibratório, através do qual identifica seu alvo ou direciona energias e entidades para realizar os objetivos estabelecidos. No âmbito da feitiçaria, existem entidades especializadas em fazer o mal, que por vezes estão submissas ao operador ou feiticeiro. Ele também pode usar, caso saiba como, elementais naturais ou artificiais no processo de enfeitiçamento de sua vítima. Graças a Deus e para o bem de muitos de meus filhos, a maioria dos que se dizem possuidores de conhecimento sobre o assunto apenas gostam de divulgar atributos que nunca manejou com destreza; ignoram pormenores das leis do mentalismo e também não sabem lidar com os elementais, embora façam propaganda disso.

Nos trabalhos de enfeitiçamento, geralmente são usados, como condensadores energéticos, objetos pessoais, íntimos; fotos da pessoa ou outra coisa que possa simbolizar o alvo. O feiticeiro lança mão de sua força mental aumentada, dinamizada ou irradiada através de apetrechos comuns à sua forma de trabalhar, a fim de concentrar a energia maligna sobre aquele objeto ou condensador, que servirá como condutor de tais fluidos à vítima.

Como disse, o mesmo princípio vale para fazer o bem. Pode-se usar alguém que tenha ligação com o alvo como intermediário num tratamento de passes, por exemplo, ou imantar objetos que possam levar até a pessoa a energia vibrada no processo de magnetismo. A água fluidificada ou magnetizada é um poderoso condensador energético, largamente empregado nos meios espiritualistas com o intuito de canalizar recursos ectoplásmicos, fluídicos e mentais para os necessitados.

CAPÍTULO 6

Antigoécia e desobsessão

"

Sempre é possível, a quem quer que seja, subtrair-se a um jugo, desde que com vontade firme o queira. (...) A prece é em tudo um poderoso auxílio. Mas crede que não basta que alguém murmure algumas palavras, para que obtenha o que deseja. Deus assiste os que obram, não os que se limitam a pedir.

"

Espírito Verdade[1]

[1] KARDEC. *O livro dos espíritos*. Op. cit. p. 311-312, itens 475, 479.

"

Nos casos de obsessão grave, o obsidiado fica como que envolto e impregnado de um fluido pernicioso, que neutraliza a ação dos fluidos salutares e os repele. É daquele fluido que importa desembaraçá-lo.

"

Allan Kardec[2]

[2] KARDEC. *A gênese*... Op. cit. p. 388, cap. 14, item 46.

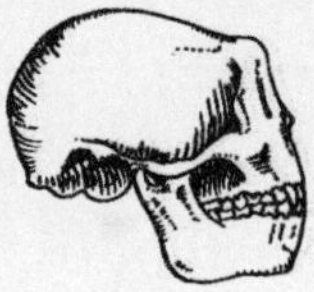

83 A ANTIGOÉCIA, *isto é, o processo de reversão da magia negra ou da feitiçaria, pode ser feito nas reuniões de desobsessão convencionais? São essas reuniões eficazes contra esse tipo de malefício?*

PERFEITAMENTE! Basta que o grupo mediúnico esteja unido, seja dedicado ao estudo, conte com assistência espiritual superior e tenha conhecimento do assunto. Reunindo essas condições, é absolutamente possível que faça trabalhos de antigoécia.

Ocorre que vemos grupos com extrema boa vontade, empenhados em trabalhar com esse objetivo, mas cujos dirigentes ou trabalhadores ainda conservam um preconceito bastante arraigado. Para a equipe desmanchar feitiços ou magias, muito provavelmente será necessária a presença de um pai-velho ou outro espírito especialista, como um índio guerreiro, um pajé ou xamã. Caso encontre resistência nos membros do agrupamento mediúnico, o trabalho pode ser prejudicado, uma vez que tais práticas não são familiares a todos os espíritos, mesmo entre os chamados mentores, cujas experiências pessoais que os capacitariam a enfrentá-las com frequência são escassas ou inexistem.[3]

Deve-se, pois, cultivar a abertura mental a fim de obter o respaldo de entidades especializadas nas ações de antigoécia; do contrário, os médiuns sozinhos ou com seus mentores — que,

[3] Para quem vê os espíritos como santos ou potências divinas, afirmar que seu conhecimento tem limite soa quase como heresia ou blasfêmia. Bem diferente é a posição do espiritismo, que os vê como homens comuns, tão somente desprovidos de corpo físico. Kardec reiterou esse ponto diversas vezes, com eloquência: "Um dos primeiros resultados que colhi das minhas observações foi que os Espíritos, nada mais sendo do que as almas dos homens, não possuíam nem a plena sabedoria, nem a ciência integral; que

em grande parte das vezes, nunca vivenciaram situações do gênero — não poderão desmantelar semelhantes trabalhos, além de se exporem a sérios riscos. Para enfrentar feiticeiros encarnados ou desencarnados, não basta doutrinação nem mesmo o diálogo convencional; tampouco adianta entoar cânticos e acender velas sem mais amplos significados; de nada vale o teatro de determinados médiuns perante suas plateias crédulas. É preciso ir muito além. É imperativo estudar a fundo o tema feitiçaria e magia negra, e não apenas submeter-se a iniciações em cursinhos de final de semana, que mais servem para incrementar os dígitos das contas bancárias de quem os ministra do que para dar condições de afrontar a realidade de tais situações.

Em suma, para se alcançar êxito, certos

o saber de que dispunham se circunscrevia ao grau, que haviam alcançado, de adiantamento, e que a opinião deles só tinha o valor de uma opinião pessoal. (...) Conduzi-me, pois, com os Espíritos, como houvera feito com homens. Para mim, eles foram, do menor ao maior, meios de me informar e não *reveladores predestinados*" ("A minha primeira iniciação no Espiritismo". In: KARDEC. *Obras póstumas*. Op. cit. p. 328-329).

elementos são necessários, entre os quais se destacam: uma relação tão direta, transparente e eficaz com os mentores quanto possível, bem como com os espíritos especialistas e seus representantes; o conhecimento das *energias vibradas*[4] dos guardiões, de elementais naturais e artificiais; a experiência em reuniões do gênero e a naturalidade no trato com os espíritos que promovem ações de goécia.

84 *Nas reuniões de ectoplasmia ou materialização em que porventura se faça antigoécia, o médium doador de ectoplasma*[5] *tem uma ação ativa ou passiva no desmanche da magia negra?*

[4] Existe a força cósmica chamada Exu, e existem os espíritos representativos dessas mesmas forças, que são os guardiões. *Energia vibrada* refere-se à força específica vinculada a determinado guardião, denotando o comando a que pertence, fatos que possibilitam invocar acertadamente cada qual para o trabalho em que é especializado.

[5] Cf. "Médiuns de aparições e de transporte." In: KARDEC. *O livro dos médiuns*... Op. cit. p. 267, item 189.

O MÉDIUM ectoplasta ou de materialização tem um papel importantíssimo em todo o processo. Ele é quem doa os fluidos[6] para desmaterializar os objetos usados nos trabalhos de enfeitiçamento, tanto quanto é ele, normalmente secundado pelos médiuns auxiliares, quem se desdobra e se dirige, na companhia de seus mentores, ao endereço vibratório e ao local, no plano físico ou etérico, onde se encontra o objeto usado pelo feiticeiro. Seu papel é totalmente ativo. Médiuns que requerem indicação de cada passo

[6] "É necessária a união desses dois fluidos, isto é, do fluido animalizado e do fluido universal (...). Mas, nota bem que essa vida é apenas momentânea, que se extingue com a ação e, às vezes, antes que esta termine, logo que a quantidade de fluido deixa de ser bastante (...). Em algumas pessoas se verifica, por efeito de suas organizações, uma espécie de emanação desse fluido e é isso, propriamente falando, o que constitui *o médium de influências físicas*. A emissão do fluido animalizado pode ser mais ou menos abundante, como mais ou menos fácil a sua combinação, donde os médiuns mais ou menos poderosos. Essa emissão, porém, não é permanente, o que explica a intermitência do poder mediúnico" (ibidem, p. 106 e 112, itens 74 — questão 14, pelo espírito São Luís — e 75. Grifo nosso).

do caminho ou instrução sobre como agir diante de todas as coisas geralmente não são úteis para esse tipo de atividade, que exige, da parte dos trabalhadores da reunião, uma característica proativa.

Quando se deve empreender uma tarefa como essa, de reverter magia negra, feitiçaria ou manipular certas energias vibradas da natureza, é comum eleger alguns entre os participantes da reunião mediúnica, visando dinamizar o trabalho e facilitar os resultados. Nem todo médium está habilitado ou tem resistência energética — e mesmo afinidade — com atividades dessa natureza.

85 *Que dizer da crença de alguns espíritas, que afirmam que a magia e o feitiço não existem e que Deus não permitiria uma coisa dessas?*

Como disse no começo deste livro,[7] magia não significa o uso de algum poder sobrenatural; pelo

[7] Cf. questões 5-6.

contrário, fundamenta-se no conhecimento de certas *leis naturais* do mundo oculto, que exímios magnetizadores podem manejar, seja a benefício ou a prejuízo de alguém.

No caso da magia negra ou da feitiçaria, realmente Deus não permite que o mal recaia sobre pessoas que não o merecem; isso é uma verdade. No entanto, sabemos da existência de pessoas cuja mente enferma ainda se apega à maldade e que são dotadas de força magnética e habilidade mental tanto quanto disciplina do pensamento e da vontade.

Amparadas por espíritos maus, essas mesmas pessoas conseguem irradiar cargas mentais e impulsos magnéticos eivados de fluidos nocivos sobre outros seres, aos quais querem prejudicar. É igualmente claro que esse influxo energético e as ações nefastas de espíritos contrários ao bem só atingem indivíduos em cujo histórico espiritual há merecimento de receber tais impactos.

Portanto, quem entre os espíritas pensa que magia negra e feitiçaria não existem deve estudar com atenção os ensinamentos contidos em *O livro dos espíritos* para ver a realidade de tal situação.[8]

Além do mais, quem não acredita no feitiço ou na magia negra deve observar o que se faz através da mídia na modernidade. As manipulações mentais e emocionais que se realizam por meio dos veículos de comunicação, nas propagandas de toda espécie, nas telenovelas e nos jornais da atualidade: tudo isso não passa de magia mental, com um poder assustador de manipulação das ideias e emoções de quem se submete à ação das ondas mentais irradiadas, faladas ou escritas. Não se trata de nenhum poder sobrenatural, mas com certeza é uma manipulação em massa, muitas vezes de efeito devastador. A televisão, a mídia impressa, o rádio

[8] É verdade que os espíritos superiores assim respondem a esta pergunta: "Pode um homem mau, com o auxílio de um mau Espírito que lhe seja dedicado, fazer mal ao seu próximo? *'Não; Deus não o permitiria'*." Mas só após terem afirmado: "Aquele que intenta praticar uma ação má, pelo simples fato de alimentar essa intenção, *chama em seu auxílio maus Espíritos*, aos quais fica então obrigado a servir, porque dele também precisam esses Espíritos, para o mal que queiram fazer". São terminantemente esclarecedores ao atestar a existência da maldição: "Pode a maldição exer-

e a rede mundial de computadores são autênticos condensadores energéticos; os alvos mentais são aqueles que sintonizam com a mensagem difundida por tais veículos, e o resultado depende da sintonia vibratória de cada um que ouve, vê ou lê as ideias expressas por essas mídias. "Quem tem ouvidos para ouvir, ouça".[9]

86 *Que dizer das religiões ou representantes religiosos que se utilizam de conhecimentos iniciáticos e confundem a mente das pessoas, como no caso daqueles que se dizem umbandistas e não honram a doutrina que dizem seguir?*

JÁ EM MEADOS do século passado, o venerá-

cer momentaneamente influência, mesmo sobre a matéria. Tal influência, porém, só se verifica por vontade de Deus (...). Jamais a bênção e a maldição podem desviar da senda da justiça a Providência, que *nunca fere o maldito, senão quando mau*, e cuja proteção não acoberta senão aquele que a merece" (KARDEC. *O livro dos espíritos*. Op. cit. p. 344, item 551; p. 343, item 549; p. 347, item 557. Grifos nossos).

[9] Mt 13:9; Mc 4:9; Lc 8:8; 14:35. Cf. Mt 13:15.

vel Matta e Silva alertou os umbandistas verdadeiros "contra esta proliferação de 'babás' e 'babalaôs' que, por esquinas e vielas, transformam a nossa Umbanda em cigana corriqueira, enfeitada de colares de louça e vidro, e, ao som de tambores e instrumentos bárbaros, vão predispondo mentes instintivas e excitações, geradoras de certas sensações, que o fetichismo embala das selvas africanas aos salões da nossa metrópole".[10] Aumenta-se cada vez mais a ignorância de "indivíduos fantasiados com cocares de penas de espanador, tacapes, arcos e flechas, [a] externarem maneiras esquisitas, em nome do guia *A* ou *B*",[11] tudo para confundir os incautos e embaçar a beleza da verdadeira doutrina umbandista. Em muitos terreiros, ainda segundo o venerável Matta e Silva, encontra-se "o animismo e a autossugestão suprirem uma mediunidade inexistente".[12]

Todos esses fatores contribuem para que a ideia que se faz da umbanda e de outros cultos

[10] SILVA. *Umbanda de todos nós*. 13ª ed. São Paulo: Ícone, 2009. p. 47.

[11] Ibidem, p. 48-49.

[12] Ibidem, p. 49.

seja errônea, assim como concorrem para que pessoas sérias e estudiosas se afastem da religião, pois deparam com adeptos cheios de orgulho, empáfia e interesses escusos.

Segundo os espíritos da esfera onde me encontro temporariamente albergado, é tempo de espiritualização. A umbanda, malgrado o esforço de dirigentes e representantes sem compromisso com sua elevada doutrina, atravessará um processo de espiritualização, de desmistificação e de desafricanização, liberando-a dos elementos hoje desnecessários para a sua consolidação como religião da caridade e do amor; uma religião essencialmente brasileira, mas profundamente comprometida com os ideais cristãos de amor, fraternidade e boa vontade. Outros cultos que guardam afinidade com certos elementos da umbanda igualmente passarão por sérias transformações neste milênio, a fim de se preparar para a era nova que se avizinha. O próprio espiritismo, ou as práticas espíritas, conforme se encontram representadas nas terras brasileiras, também se modificarão sob o influxo da divina providência, preparando-se para enfrentar desafios mais amplos e complexos.

De mãos dadas, essas e outras religiões espiritualistas operarão, sem necessidade de perder cada uma sua individualidade e as características que lhe são próprias. Caminhando juntos, sem se fundirem, todos marcharão para o grande amanhã, quando serão praticadas as leis do Cordeiro e será vivido seu reino de forma mais harmoniosa que nos dias atuais.

87 *Podemos considerar o magnetismo ou mesmerismo como uma forma de magia e a força magnética como sendo da mesma natureza daquela que os antigos magos manipulavam nos templos iniciáticos?*

Com absoluta certeza! A magia se assenta sobre o poder magnético e a força de irradiação do pensamento daquele que a desencadeia. Portanto, é essencial compreender as leis do magnetismo, e não somente isso, mas, sobretudo, manipular a força magnética corretamente, obedecendo às leis que a regulam. Aprofundar-se no conhecimento teórico e na prática da emissão, da irradiação e da manipulação do magnetismo era no passado — e continua sendo — a base primeira e crucial da chamada magia branca e do poder dos magos da atualidade.

O magnetismo e as técnicas dele derivadas requerem a atenção dos modernos estudiosos do psiquismo da mesma forma como, no passado, mereceram a dedicação de numerosos experimentadores, vinculados aos mais diversos ramos do ocultismo e das ciências herméticas. Desde os templos iniciáticos da Atlântida, da Suméria, do Egito e de tantos outros centros de irradiação do pensamento que o magnetismo fazia parte das principais disciplinas a serem estudadas e experimentadas pelos altos iniciados. Está fadado ao insucesso aquele que pretender adentrar o mundo oculto ou extrafísico sem o conhecimento das leis e da dinâmica do magnetismo.

88 *A pessoa que lida com ervas deve ter conhecimento do magnetismo para obter maiores e melhores resultados?*

De forma alguma, meu filho. O que ela deve ter, e já falamos nisso anteriormente, é conhecimento verdadeiro, genuíno e o mais detalhado possível sobre as ervas e, de preferência, sobre os tipos energéticos ou vibratórios disponíveis. Isso é o desejável e mais confiável. Não obstante, considerando que muitas propriedades benéficas das ervas já puderam ser comprovadas em laboratório, imagine, então, se forem associadas ao conhecimento do magnetismo? Por certo serão de maior vulto e significado os efeitos terapêuticos. Se o indivíduo aspira apenas a resultados materiais, com a fitoterapia, não há necessidade de conhecimento de certas leis do magnetismo. Entretanto, se quer operar com energismos da natureza, com a força elemental do reino vegetal, e obter frutos que vão muito além dos esperados na esfera da saúde física, então o conhecimento do magnetismo é imprescindível. Tudo depende do objetivo de quem manuseia as ervas.

89 *Podemos dizer que os estudos contemporâneos da apometria*[13] *representam uma*

[13] Cf. AZEVEDO. *Espírito/matéria:* novos horizontes para a medicina.

face da magia que ressuscita?

EMBORA o estardalhaço que às vezes se faz com propagandas ilusórias e fantasiosas sobre o tema, em sua essência a apometria deriva do magnetismo ou ressuscita práticas biomagnéticas, agora revestidas de uma roupagem moderna. Emprega métodos equivalentes aos que foram utilizados por magnetizadores no passado e, mais ainda, por magos antigos, não obstante mostrem aparência diferente. Decerto a magia primordial é despida de elementos materiais, de símbolos e fetiches, e ressurge na apometria com força e potência consideráveis, desde que praticada sem misticismo, sem embuste e com cautela contra o charlatanismo, que grassa nos dias atuais em quase todos os cultos.

É claro que, muito embora certas pessoas e grupos visem tão somente aparecer, divulgando fantasias e sua pretensa força espiritual adquirida e teatralizada com o estalar de dedos acompanhado da pronúncia e da evocação de nomes fantasiosos, não se pode desmerecer a simpli-

8ª ed. rev. atual. Porto Alegre: Casa do Jardim, 2005.

cidade dos métodos terapêuticos da apometria, quando praticada por pessoa idônea embasada nos princípios espíritas. Ainda assim, deve-se ter o cuidado de não mostrar a apometria como uma panaceia, isto é, como remédio que detém a solução para todos os males. Fortalecida pelo ensinamento espírita e pelo bom senso de Kardec, a apometria pode constituir ferramenta poderosa para abordar processos mais complexos de obsessão, incluindo nesse rol os intricados problemas envolvendo feitiços e magias feitos no passado.

No entanto, temos de considerar que tais abordagens devem ser feitas por indivíduos e grupos que tenham os pés no chão; por médiuns que não delirem ante o animismo exagerado ou o misticismo acentuado; por pessoas capazes, estudiosas, questionadoras e, acima de tudo, comprometidas mais com a *qualidade* e menos com a *quantidade* de resultados, pois os casos exigem acompanhamento e pesquisa criteriosa e minuciosa.[14]

[14] Há uma máxima esclarecedora, difundida por estudiosos da apometria: "Apometria sem evangelho é pura feitiçaria".

90 *A apometria resolve mesmo os casos de magia e enfeitiçamento ou essa é somente uma crença sem qualquer consistência?*

A APOMETRIA, pura e simplesmente, não resolve nada, meu filho. Ela é apenas um instrumento que pode ser utilizado por mãos hábeis e cuidadosas, por mentes que têm o compromisso com o Cristo e seus emissários. Por outro lado, em mãos inábeis ou inescrupulosas, não traz resultado algum. Observo hoje algumas práticas que deturpam o sentido original da apometria e do magnetismo, promovendo o descrédito de uma importante ferramenta, que deveria estar a serviço das forças soberanas da vida. Sendo mal interpretados e aplicados, os recursos que o conhecimento da apometria proporciona valem muito pouco, se desejamos efeitos positivos e duradouros contra os males modernos do psiquismo e das obsessões. Contudo, adequadamente empregada, por pessoas comprometidas com os ideais do espírito Verdade — note bem, não falei que tenham de ser espíritas, no sentido estrito do termo, mas movidos pelos ideais nobres e sublimes que norteiam o pensamento espírita —, a técnica apométrica surge como poderoso auxiliar no tratamento de obsessões complexas e diversos distúrbios do comportamento humano.

Sabendo de tudo isso, convém que meus filhos que lançam mão de tais dispositivos tenham consciência de que a apometria, em si mesma, não é nenhuma novidade, nem ao menos visa satisfazer a curiosidade de quem quer que seja, tampouco deve ser o instrumento principal ao se abordarem transtornos mentais, psíquicos, obsessivos. O que resolve mesmo é o Evangelho — entendido, estudado, mas sobretudo vivido. E, quando falo da vivência do Evangelho, não me refiro a uma *reforma íntima* incompreensível, e muito menos a algo pouco possível de ser alcançado, segundo determinados indivíduos propõem. Refiro-me a uma mudança de rota do comportamento humano; a uma *redecisão* que sucede à análise e à revisão de valores. Faço menção ao Evangelho em sua expressão mais simples, que produz no ser humano a modificação de sua frequência vibratória por meio da mudança real, que se traduz em novos comportamentos, atitudes, ideias e ações. Isso, sim, elevará a pessoa a um estado vibracional muito mais refinado do que aquele desencadeado pela feitiçaria e pela magia negra.

Em suma, os recursos da apometria, aliados ao conhecimento simples do Evangelho e a seu potencial de modificação da conduta humana para um nível de frequência superior, podem fazer frente aos desmandos de magos negros e feiticeiros, com o máximo de qualidade e eficiência possível.

91 *Pode-se depreender que apometria e magnetismo fazem parte do mesmo fenômeno e não são coisas completamente distintas, correto?*

COMO DISSE antes, a apometria deriva do magnetismo animal, uma vez que parte desse conhecimento ao irradiar, combinar e transmutar energias eletromagnéticas, com o objetivo inicial de promover a descoincidência dos diversos corpos. Após esse primeiro passo, a técnica apométrica, ainda lançando mão dos recursos do magnetismo e do conhecimento que seus agentes devem ter, trabalha com elementais, cúmulos energéticos, força vital e irradiação do pensamento, de forma a fazer frente aos desafios concernentes à saúde, em seu espectro mais amplo.

Assim como o *reiki*, a psicobioenergética, algumas técnicas de massagem terapêutica e outras terapias chamadas emergentes derivam todos dos princípios do magnetismo animal, também a apometria, bem entendida, consiste em uma vertente do magnetismo. Isso equivale a dizer que, sem conhecer em detalhes as leis que regem a transmissão do fluido magnético e sua atuação na natureza e nos diversos corpos energéticos, não se obterá nenhum resultado real e eficaz apenas com o estalar de dedos ou a pronúncia de palavras cabalísticas e frases incompreensíveis ou incompreendidas, inclusive por quem as profere.

92 *Com a apometria temos condições de enfrentar um mago negro ou um feiticeiro com êxito ou essa técnica é apenas um acessório na prática da antigoécia?*

Uma coisa e outra. A apometria tanto oferece uma gama de instrumentos com que se pode enfrentar a magia negra e as causas e os efeitos da feitiçaria moderna quanto, de maneira análoga, é um acessório precioso ao confrontar os autores desses processos. Considerando que a vulgarização do espiritismo trouxe a descoberto elementos que, em outros tempos, eram conhecidos apenas no interior dos templos de iniciação — os passes magnéticos e os espirituais em suas diversas técnicas, a água magnetizada ou fluidificada, entre outros —, há bom número de recursos que podem ser usados com eficiência e satisfação no combate aos diferentes tipos de obsessão, debelando os males peculiares a cada estágio da recuperação. Porém, assim como não existe espiritismo sem magnetismo,[15] também

[15] "O magnetismo preparou o caminho do Espiritismo, e o rápido progresso desta última doutrina se deve, incontestavelmente, à vulgarização das ideias sobre a primeira. Dos fenômenos magnéticos, do sonambulismo e do êxtase às manifestações espíritas não há mais que um passo; tal é sua conexão que, por assim dizer, *torna-se impossível falar de um sem falar do outro*. Se tivéssemos que ficar fora da ciência magnética, nosso quadro seria incompleto (...). [Existem] relações íntimas entre essas duas ciências que, a bem da verdade, *não passam de uma*" (KARDEC. *Revista espírita*. Op.

não existe apometria sem este.[16] Não se podem entender racionalmente os efeitos do tratamento espírita e apométrico sem o conhecimento das leis do magnetismo.

93 *Que dizer das pessoas que pretendem fazer atendimentos apométricos com mais de 100 casos atendidos numa só reunião?*

ABSURDO! Irresponsabilidade em tratar coisas sérias de maneira vulgar. É bom que quem assim procede saiba que com coisa séria não se brinca.

94 *A apometria pode ser aplicada em consultórios terapêuticos ou somente no am-*

cit. p. 149, v. I, mar. 1858. Grifos nossos).

[16] Cf. "As forças empregadas na apometria: a força Zeta" e "Magnetismo, eletromagnetismo e indução espiritual". In: AZEVEDO. Op. cit. p. 148-149, 197-198. Os trabalhos de Anton Mesmer (1733-1815), que cunhou o termo *magnetismo animal*, são citados diversas vezes ao longo da obra, que expõe os fundamentos da apometria (ibidem, p. 42, 333-334, 361 passim).

biente de uma reunião mediúnica?

DEPENDE de qual técnica ofertada pela apometria se deseja empregar. É muitíssimo claro que o ambiente de um consultório terapêutico não é o local ideal ou aconselhado para tratar de processos obsessivos, com incorporação ou manifestação de inteligências pouco esclarecidas, acompanhada de doutrinação ou diálogo com entidades do Além. Tudo tem o seu lugar.

Contudo, pode-se lançar mão de certos recursos apométricos para limpeza energética, fortalecimento de campos de força e alguns outros objetivos, contanto que não se tenha de fazer abordagem espiritual ou mediúnica.

De todo modo, afirmo que é preciso precaver-se contra pessoas que iludem grande número de indivíduos, inventando mil e uma *apometrias*, como, por exemplo, apometria quântica, apometria estelar ou apometria do dinheiro. São cegos que guiam outros cegos e, em breve, cairão na mesma cova.[17] O uso de palavras modernas ou de modismos, de entendimento difí-

[17] Cf. Mt 15:14.

cil e sem sentido mesmo, especialmente quando associado a técnicas que seguem um princípio sagrado, já deve, por si só, disparar o alarme contra os aproveitadores de plantão, sobretudo em ambientes onde se paga por tais práticas, em que seus idealizadores não visam mais do que atrair clientela crédula e submissa aos seus desmandos, o que denota profundo desrespeito com questões sagradas.

95 *Como desmanchar ou sanar um trabalho de magia ou um feitiço através da apometria? Poderia nos falar a respeito?*

A PRIMEIRA exigência para enfrentar casos de goécia é que o grupo esteja em regime de estudo constante e transite com segurança por assuntos centrais da ciência espírita, tais como: perispírito, duplo etérico e suas inúmeras propriedades; chacras, centros de força e enfermidades associadas aos corpos energéticos e espirituais; particularidades do fenômeno mediúnico e da comunicação em geral; tipos de obsessão e síndromes espíritas, segundo as várias classificações; magnetismo animal e ferramentas terapêuticas disponíveis. Além disso, deve conhecer relativamente bem feitiços, mandingas, elementais e orixás — entendidos como vibrações da natureza —, entre outros tópicos que oferecem subsídio para lidar com situações complexas da problemática obsessiva. Eis apenas alguns dos temas que precisam integrar o quadro de estudos regular da equipe de médiuns, a fim de que possam identificar e lançar mão da ferramenta apropriada, sem dar margem a ideias místicas e ilusórias.

Simultaneamente, quando há sensitivos genuínos e cuja sensibilidade faculta abordar o caso desta maneira, é um bom recurso a evocação direta[18] das entidades ligadas aos consulentes que

[18] Boa parte dos espíritas tem adotado a posição do espírito Emmanuel, contrária à evocação: "Não somos dos que aconselham a evocação direta e pessoal, *em caso algum*" (XAVIER. *O consolador*. Rio de Janeiro: FEB, 2008. p. 288, item 369). O orientador de Chico Xavier chega a afirmar que "*De modo algum* se deverá provocar as manifestações mediúnicas, *cuja legitimidade reside* nas suas características de *espontaneidade*" (ibidem, p. 287, item 368. Grifos nossos). Não obstante, a codificação espírita devota à evocação

procuram apoio e socorro na casa espírita.[19]

Durante a reunião em si, em que se abordam os espíritos envolvidos, é preciso se valer de alguns princípios, como a lei do ritmo e da harmonia, que permeia ou rege desde os comandos e vibrações até as transferências magnéticas, mas tem na música natural, não mecânica, seu principal instrumento ou aliado, seu ponto alto. A música entoada adequadamente favore-

grande importância, tendo sido método usual nas pesquisas que lhe deram origem: "Os Espíritos podem comunicar-se espontaneamente, ou acudir ao nosso chamado, isto é, vir por evocação. Pensam algumas pessoas que todos devem abster-se de evocar tal ou tal Espírito e ser preferível que se espere aquele que queira comunicar-se. Fundam-se em que, chamando determinado Espírito, não podemos ter a certeza de ser ele quem se apresente, ao passo que aquele que vem espontaneamente, de seu modo próprio, melhor prova a sua identidade (...). Em nossa opinião, *isso é um erro*" (KARDEC. *O livro dos médiuns*... Op. cit. p. 404, item 269. Grifos nossos). Muito embora Allan Kardec também afirme: "Cada uma destas duas maneiras de operar tem suas vantagens e *nenhuma desvantagem haveria, senão na exclusão absoluta de uma delas*" (ibidem, p. 405. Grifos nossos).

[19] A ressalva do espírito Pai João no início deste parágrafo, quanto

ce a ruptura de campos de força de baixa vibração, erigidos por entidades conhecedoras do assunto, tanto quanto a formação de uma egrégora propícia, pois ajuda a mobilizar o pensamento de todos em torno do objetivo do trabalho. Cantar arregimenta fluidos em virtude do importante envolvimento emocional que suscita, além de auxiliar muitíssimo na concentração, uma vez que a maior parte dos médiuns não tem a destreza ou a disciplina mental de permanecer minutos e horas com a atenção totalmente voltada para a atividade — aptidão, ainda por cima, não

aos médiuns que se prestam à evocação, reiteram as observações kardequianas: "Frequentemente, as evocações oferecem mais dificuldades aos médiuns do que os ditados espontâneos, sobretudo quando se trata de obter respostas precisas a questões circunstanciadas. Para isto, são necessários médiuns especiais, ao mesmo tempo *flexíveis* e *positivos* (...), por isso que, conforme dissemos, as relações fluídicas nem sempre se estabelecem instantaneamente com o primeiro Espírito que se apresente. Daí convir que os médiuns não se entreguem às evocações pormenorizadas, senão depois de estarem certos do desenvolvimento de suas faculdades e da natureza dos Espíritos que os assistem" (ibidem, p. 407, item 272).

estimulada em meio à agitação do mundo atual.

A evocação deve ser um recurso usado com frequência, entre outros motivos porque nessas reuniões geralmente se faz necessária a presença de pais-velhos, de experientes guerreiros indígenas e iniciados antigos, que detêm conhecimento mais avançado e detalhado da magia e da feitiçaria.

Um dos recursos a que se pode recorrer, caso haja quem saiba empregá-lo — pois exige cautela e uma série de cuidados —, é a projeção da entidade responsável pelo feitiço ou magia antiga até o passado remoto, fazendo-a regressar ao tempo de sua iniciação. Nessa hipótese, tanto o dirigente ou operador quanto o médium utilizado precisam ter razoável conhecimento do assunto e o máximo de informação sobre esses temas, sobretudo porque o cérebro do sensitivo encarnado comumente reveste os pensamentos e ideias do espírito com figuras e imagens nem sempre fiéis à realidade, levando ambos ao engano, e, por conseguinte, o grupo. Ocorre que a dilatação do fator tempo dificulta a comunicação mediúnica e favorece a confusão, pois entram em cena fatores como disparidades culturais e falta de familiaridade com o contexto histórico e social no qual a trama se desenrola. Isso quando não se dá a mistificação de um e outro lado da vida, a qual deve ser abordada com serenidade e firmeza, observando-se os preceitos que a codificação espírita traz a esse respeito.[20]

Nunca é demais reiterar que um aspecto crucial no tratamento ou na abordagem do processo de enfeitiçamento é a participação da chamada vítima ou alvo mental, que deve empregar todos os meios a seu dispor a fim de modificar sua vibração ou emanação energética, por meio da mudança dos hábitos mentais e emocionais.

96 *A propósito: a propalada reforma íntima, por si só, resolve trabalhos de magia negra e enfeitiçamento?*

NÃO A REFORMA íntima como se divulga em muitos lugares. Nesse particular, é preciso separar o clichê, a frase feita, a panaceia — facil-

[20] Cf. "Das contradições e das mistificações". In: KARDEC. Ibidem, p. 465-479, itens 297-303.

mente reconhecida pela profusão de proibições e receitas de comportamento — da ampla e verdadeira reeducação interior, que consiste num processo continuado, subjetivo, de mergulho no próprio eu.

Embora seja muitíssimo desejável a renovação da mente e das atitudes, no momento em que se detecta a ocorrência de magia e feitiçaria, numa reunião séria e amparada por benfeitores conscientes e conhecedores do assunto, é necessária uma ferramenta eficaz, externa, a fim de debelar de modo tenaz e decisivo a enfermidade espiritual, com maior habilidade.

Durante e após a abordagem, o alvo mental ou pessoa-alvo precisa se conscientizar de que pode auxiliar bastante em sua recuperação; porém, sozinha, jamais poderia se ver livre do processo de magia. Por não estar submetido a uma obsessão simples, mas de alta complexidade, tanto no método empregado quanto nos graves efeitos sobre o alvo mental, o indivíduo requer socorro externo e apoio emocional. Além disso, precisa comprometer-se com todo o tratamento através da mudança de hábitos e elevação do padrão vibratório — o que, é claro, só se alcança de modo definitivo por meio da reeducação mental e emocional.

Contudo, isso não é algo simples e não há fórmulas para se alcançar tal mudança de um instante para outro, como se fosse um problema de matemática. É preciso empenho e perseverança, amparo constante e, muitas vezes, intervenção médica e psicológica. Ainda que a pessoa enfeitiçada porventura se livre dos eventuais ataques dessa natureza, permanecerá com as emoções e o campo mental desorganizados, carecendo de ajuda extra e acompanhamento atento e detalhado, a fim de liberar-se dos efeitos viciosos que o feitiço exerce sobre os pensamentos e sobre a forma de ver a vida. Isso vale também para o feitiço mental, que o próprio ser gera contra si mesmo, às vezes sem perceber o dano que lhe causa.

Entra em cena a partir daí, ou concomitantemente com o tratamento desobsessivo, a importantíssima abordagem magnética, através de passes específicos, que possam acelerar o processo de cura. Por se tratar de obsessão complexa, também é complexa a forma de tratamento, ou seja, exige mais minúcias que um processo obsessivo simples e convencional, onde há exclusivamente o desejo de vingança de um espírito, sem o conhecimento técnico ou os requintes de crueldade encontrados em métodos invulgares.

Enfim, enfrentar a magia negra e a feitiçaria não se restringe aos breves momentos de uma reunião mediúnica, nem mesmo a uma única abordagem. Faz-se necessário mais, muito mais, com consciência e participação do envolvido num tratamento prolongado.

CAPÍTULO 7

Antimagia e antigoécia

“Mas esta casta de demônios não se expulsa senão por meio de oração e jejum.”

Jesus de Nazaré[1]

[1] Mt 17:21.

"

Sendo os fluidos o veículo do pensamento,
este atua sobre os fluidos como o som sobre o ar;
eles nos trazem o pensamento, como o ar nos traz
o som. Pode-se pois dizer, sem receio de errar,
que há, nesses fluidos, ondas e raios de
pensamentos, que se cruzam sem se confundirem, como
há no ar ondas e raios sonoros. Há mais:
criando *imagens fluídicas*, o pensamento se reflete
no envoltório perispirítico, como num espelho; toma
nele corpo e aí de certo modo se *fotografa*.

"

ALLAN KARDEC[2]

[2] KARDEC. *A gênese...* Op. cit. p. 361, cap. 14, item 15.

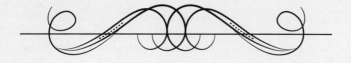

97 A PRÓPRIA *pessoa tem condições de identificar se é vitima de algum trabalho de feitiçaria?*

PORVENTURA poderia um enfermo chegar à frente do médico já com o diagnóstico de seu caso? Teria ele conhecimento técnico e especialização em saúde o suficiente para fazer um autodiagnóstico? O mesmo princípio se aplica ao enfermo da alma. E com um agravante, no caso deste. O doente do espírito está com o psiquismo comprometido; sua visão da vida e de si mesmo é profundamente influenciada pelo estado anômalo em que se encontra. De modo geral, trata-se de alguém que vive uma crise espiritual de graves consequências emocionais e mentais. Portanto, nada mais sensato do que pôr em suspeita qualquer autodiagnóstico, que será altamente questionável, pois que oriundo de quem enxerga a realidade com lentes especialmente distorcidas. É muitíssimo improvável que um doente da alma tenha condições de formar um juízo sobre o que lhe ocorre, devendo submeter-se a uma avaliação espiritual empreendida por pessoas responsáveis e com conhecimento de causa.

98 *Como os magos conseguem manipular tão intensamente os fluidos do plano astral, a ponto de serem de tal maneira temidos por diversas falanges de espíritos[?]*

NÃO SE PODE ignorar que, de um lado e outro da vida, a mente sempre é a base de toda criação. Qualquer trabalho de magia negra, indução mental e hipnótica ou magnetização exige experiência no que tange à disciplina mental. Os magos pertencem a uma categoria de seres que se dedicaram, no decorrer de anos e anos, em diversas encarnações, à experimentação e à obtenção do controle absoluto da força do pensamento, nos mais variados enfoques. Empregaram tempo, esforços e potencial inteiramente a fim de atingir a supremacia mental, exercício que lhes exigiu o máximo de empenho e rigor.

A ação da mente e sua força ideoplástica, tanto quanto a matéria mental e astral são tão reais e mensuráveis para os desencarnados como o poder das energias elétrica e atômica assim se configura para o homem, tangível e passível de ser quantificado. Através da disciplina adquirida em suas peregrinações pelos templos de iniciação espiritual, os magos conseguiram aglutinar energias e fluidos com tamanho vigor e habilidade que se tornaram mestres nesse tipo de empreendimento, o que faz deles exímios magnetizadores. Além disso, sabedores de que todo pensamento mais duradouro e toda ideia alimentada causam reações físicas, influenciam os encarnados de tal maneira que os pensamentos, os clichês mentais ou as manipulações que levam a cabo junto deles acabam por afetar muitas das funções do corpo somático.

Acerca dos elementos envolvidos na realização de processos classificados como magia negra na dimensão extrafísica, é possível organizá-los no seguinte esquema, que também se aplica à feitiçaria e à ação dos cientistas. O fenômeno pressupõe a existência de um agente ou manipulador, que é o próprio mago negro, o feiticeiro ou o cientista do astral. Ele é o emissor da energia que será canalizada ou arregimentada para a criação do chamado *condensador energético*, que obedece aos mesmos preceitos teóricos mencionados quando abordamos a feitiçaria. O condensador ou acumulador será qualquer objeto que sirva para o agente ampliar seus recursos magnéticos e mentais em favor dos seus propósitos (o cientista, por sua vez, utilizará o artefato tecnológico). Em alguns casos, esse elemento desempenha função dupla e endereça vibratoriamente a um alvo a maquinação do agente das sombras. O *endereço vibratório* é a pessoa visada, encarnada ou não. Portanto, pode ser um objeto impregnado pelos fluidos do alvo da magia, já que os condensadores têm características individuais, feito as impressões digitais.

Porém, para que a ação da magia seja eficaz, é necessário que o agente seja possuidor de vontade forte e saiba conduzir seus pensamentos e emoções diretamente ao condensador energético, que diluirá essa energia no endereço vibratório visado. Além disso, o espírito que usar esse processo como instrumento para seus desmandos deverá ter conhecimento minucioso de todas as etapas. Não basta deter informações a respeito.[3]

99 *Em que medida a magia negra pode afetar uma pessoa que estiver sintonizada com o bem? Isso pode ocorrer?*

Talvez, meus filhos, o problema maior esteja no sentido que se dá à palavra *magia*. Quando nos referimos à magia, não a entendemos como algo sobrenatural ou pretensamente oculto, como se fosse um poder fantástico e maravilhoso. Nós a definimos como a capacidade que certos espíritos possuem de influenciar os fluidos ambientes e as energias dispersas no universo, de maneira tal que obedeçam ao seu comando mental e

[3] PINHEIRO. *Legião*. Op. cit. p. 340-342 (pergunta e resposta).

sirvam a determinado propósito. Segundo essa perspectiva, também podemos ajuizar que ninguém está o tempo todo sintonizado com as esferas elevadas ou imune a pensamentos e emoções desarmônicos.

Para se ter uma ideia mais clara, em casos nem tão esporádicos assim, a magia realizada no passado distante permanece orbitando em torno do campo vibratório do indivíduo, até a ocasião em que ele se encontre em depressão energética, com o pensamento desgovernado e as emoções em desalinho. Nesse momento infeliz, a energia aglutinada no astral dilui-se ou é absorvida pela aura, de tal sorte que o acúmulo energético se transfere integralmente para o endereço vibratório. Entre os processos de obsessão complexa, esse é catalogado como magia realizada no passado remoto ou recente, que traz repercussões no presente da pessoa, ocasionando distúrbios psicossomáticos mais ou menos graves, de acordo com cada episódio. O procedimento leva em consideração, inclusive, o programa reencarnatório da vítima, que, a rigor, nem sempre é tão vítima como se pensa. Sendo assim, quando estudamos a magia cientes de que não se trata de prática sobrenatural, mas de efeitos decorrentes de leis naturais, mal observadas e compreendidas superficialmente até por aqueles que se dizem letrados na vida espiritual, podemos entender como existem muito mais coisas por trás da magia negra realizada no astral do que supõem muitos dos que se julgam peritos no assunto.

O merecimento, argumento sempre levantado quando se cogita o tema magia negra, em defesa das supostas vítimas, apenas atenuará a eclosão do processo obsessivo. Contudo, desconhecemos ainda, na realidade terrestre, um espírito que seja realmente merecedor, a ponto de se ver totalmente imune, a salvo das investidas das trevas. Por isso, a pertinência do conselho do Mestre Jesus com relação a orar e vigiar, necessidade constante dos habitantes do mundo. A ignorância, tanto quanto a pretensão de quem afirma conhecer em profundidade tudo sobre a vida oculta ou espiritual, encontra larga acolhida entre os encarnados. Em virtude do atraso evolutivo em que nos posicionamos, das disposições cármicas individuais e do próprio comportamento atual em face do livre-arbítrio, o famigerado merecimento, que se imagina prerrogativa de cada um, torna-se algo seriamente questionável. Eis por que, meus filhos, é necessário estudar indefinidamente, a fim de nos instrumentalizarmos na batalha contra as forças sintonizadas com o mal.[4]

100 *Em quais circunstâncias se abre campo mental para o efeito da feitiçaria e da magia negra?*

O ÊXITO DE processos de goécia é favorecido em diversos casos, entre os quais podemos destacar: pessoas supersticiosas, que adotam crenças mais místicas do que racionais; doentes de depressão, em que arrefecem as defesas psíquicas; aqueles que abrigam e alimentam pensamentos vingativos e comportamentos de franco desequilíbrio, nos quais predomina a vibração emocional e mental de nível inferior. Em resumo: todas as situações que rebaixam a frequência vibratória do campo energético individual

[4] Ibidem, p. 342-344 (pergunta e resposta).

favorecem a ação de feiticeiros e os efeitos perniciosos da baixa magia.

Podemos acrescentar: sentimentos como inveja, falta de fé nas forças sublimes da vida ou em Deus, desamparo espiritual e emocional, bem como complexos de inferioridade e perda da confiança que nos faz acreditar nas coisas boas da vida... Contudo, mais daninho à saúde psíquica e energética do que cultivar tais elementos é contentar-se com tal estado de coisas, procurando convencer-se dia a dia de que a vida simplesmente é assim, sem remédio; de que ela não avança desse estado de miséria espiritual e subnutrição de felicidade. Juntem-se a isso comportamentos dissimulados e atitudes doentias diante do comportamento alheio e está formado o cortejo fúnebre que dá margem às influências daninhas da feitiçaria.

101 *Por que os espíritos de pais-velhos têm mais capacidade de desmanchar feitiçaria? E mais: todos eles são esclarecidos?*

De forma geral, o termo *pai-velho* se refere a

espíritos com mais experiência; por isso a denominação de *pai*, ou seja, guia de famílias espirituais. De posse do conhecimento adquirido no passado, em templos da Antiguidade, e tendo vivenciado longas iniciações de variados gêneros em religiões de fundo mágico e metafísico, é fácil entender por que os pais-velhos estão mais capacitados a socorrer casos ligados justamente a esses aspectos. Estes lhe são familiares, sobretudo nas situações que envolvem feitiçaria e magia, em comparação com aqueles espíritos que não tiveram experiências semelhantes. Por essa razão, é natural que espíritos de pais-velhos e mães-velhas, uma vez comprovada a experiência e o conhecimento que atestem tal identificação, possam se apresentar como exímios magnetizadores, manipuladores de ectoplasma e bioplasma, além de atuarem com bastante eficácia no desmantelar de trabalhos de magia e feitiçaria, de acordo com a especialização de cada um.

Muito embora seja preciso dizer que não se pode inferir que todo preto-velho tenha tido experiências iniciáticas ou ostente conhecimento especializado sobre goécia e antigoécia. Entre eles há os que são ainda bastante ignorantes, e que em suas últimas reencarnações não se dedicaram ao assunto; talvez, nunca tenham se voltado ao estudo da magia e dos encantados, dos orixás e das forças da natureza. Muitos e muitos negros em suas experiências evolutivas foram somente cortadores de cana, apanhadores de coco, carregadores; enfim, exerceram ofícios que nada tinham de notável no que concerne à vida espiritual, ao conhecimento iniciático ou à sabedoria esotérica milenar. E não é de esperar que depois de desencarnados tenham adquirido essa bagagem ou tais competências, somente porque se manifestam como anciãos e negros. Eis, assim, a diferença nada sutil entre *preto-velho* e *pai-velho*, termos usualmente empregados como sinônimos, mas que cabe distinguir durante o exame pormenorizado.

Assim sendo, meu filho, a única maneira de saber sobre a especialidade de algum espírito que se apresenta como preto-velho — o que vale, por extensão, para qualquer manifestação — é inquiri-lo, questionar sempre, investigando ainda mais, pois existe no plano extrafísico muito espírito embusteiro, mistificador, querendo se passar por aquilo que não é. As recomendações aí estão, para quem quiser ouvi-las: "Não há boa árvore que dê mau fruto, nem má árvore que dê fruto bom. Cada árvore é conhecida pelo seu próprio fruto".[5] Ou, como bem aconselhou o sábio espírito São Luís, cujos conselhos foram registrados por Allan Kardec:

"Qualquer que seja a confiança legítima que vos inspirem os Espíritos que presidem aos vossos trabalhos, uma recomendação há que nunca será demais repetir e que deveríeis ter presente sempre na vossa lembrança, quando vos entregais aos vossos estudos: é a de pesar e meditar, é a de submeter ao cadinho da razão mais severa todas as comunicações que receberdes; é a de *não deixardes de pedir as explicações necessárias a formardes opinião segura, desde que um ponto vos pareça suspeito, duvidoso ou obscuro*".[6]

102 *Poderia nos falar a respeito da linha de atuação dos pais-velhos e mães-velhas*

[5] Lc 6:43-44.

[6] KARDEC. *O livro dos médiuns...* Op. cit. p. 386, item 266. Grifo nosso.

e por que razão comumente se identificam com nomes como de Aruanda, de Congo, de Cabinda, da Guiné *e outros epítetos semelhantes?*

POIS É, meu filho. O que posso dizer sobre o assunto não é consenso, nem mesmo entre os seguidores da umbanda, a qual o tem no rol de estudos ordinários. Portanto, que minhas palavras sejam tomadas apenas a título de informação, a fim de que meus filhos possam pesquisar mais sobre o tema, uma vez que, para os espíritos da dimensão em que me encontro, nomes e títulos pouco importam.[7] O que vale mesmo são as palavras — ou, mais exatamente, a linguagem —, as ações e o conteúdo da comunicação do ser extrafísico que se manifesta.

Feitas as devidas ressalvas, podemos dizer que comumente os espíritos que se apresentam com seus códigos místicos ou nomes iniciáticos o fazem de acordo com a nação do culto a que pertenciam quando encarnados, ou então se-

[7] "Os nomes, como se sabe, importam pouco, em tais assuntos [os fenômenos espíritas]. O essencial é que o conjunto do trabalho corresponda ao fim que colimamos" (ibidem, p. 17).

gundo a especialidade e o vínculo que mantêm com esta ou aquela força da natureza. Em linhas gerais, adotam epítetos ou nomes cabalísticos que denotam sua área de atuação. Para citar alguns exemplos, há os pais-velhos e mães-velhas especializados em cura ou curandeiros, que foram benzedeiros e benzedeiras do passado, manipuladores de ervas e bioplasma. Além deles, existem os quimbandeiros e feiticeiros, que se dedicam a desmanchar obras de feitiçaria e baixa magia ou magia negra. Normalmente, estes últimos identificam-se com a vibração de Xangô ou Obaluaiê.[8] Outros pais-velhos são experientes em dar orientações, mensagens que servem para conforto e doutrinação de espíritos tanto quanto de encarnados que estejam em desespero ou sofrimento acentuado. Não devemos

[8] O nome dos orixás aqui deve ser entendido não como se referindo a entidades do panteão africano — afinal, trata-se de uma tradição panteísta —, mas, sim, como método de assinalar os diferentes tipos de vibração encontrados na natureza, por sua vez associados a determinadas paisagens naturais e suas respectivas espécies de seres elementais. (Para saber mais: PINHEIRO. *Aruanda*. Op. cit. p. 145-169, cap. 10.)

esquecer aqueles que se especializaram em fazer o mal e ainda se encontram vinculados a sua história pessoal, a ideias de vingança e de crueldade, as quais são salientadas por seus médiuns ignorantes, que ainda não compreenderam os sagrados ensinamentos da vida espiritual.

Em suma, meu filho, do lado de cá da vida há inúmeras falanges de espíritos e, em sua apresentação, todos gozam de relativa liberdade para mostrar-se conforme sua preferência, sem necessariamente estar associada a sua elevação moral e seu conhecimento. Entretanto, no que tange à manifestação das características espirituais durante o fenômeno mediúnico, os veículos ou médiuns a influenciam em grande medida, de acordo com suas crenças, seu conhecimento e a interpretação que fazem desse conhecimento. De maneira tal que veremos espíritos que nunca foram negros ou escravos envolvendo sem disfarces seus médiuns, mas estes os interpretam, até certo ponto inconscientemente, como pais-velhos, caboclos ou mestres ascensionados, dependendo de fatores culturais e do grau de entendimento de seus porta-vozes sensitivos.

Respondendo mais diretamente à pergunta, para melhor entendimento de meus filhos, podemos compreender que os pais-velhos que se manifestam como *congos* estão associados em geral à vibração do orixá Iansã, e muitos congos dominam a arte de desmantelar processos de feitiçaria e afins.

Quanto àqueles que se denominam *de Aruanda*, provavelmente se trata de espíritos que vibram na energia de Oxalá. A palavra *Aruanda* pode ser traduzida como *céu*, *plano superior* ou *astral superior*, daí a clara associação com o orixá relacionado à paz e ao elemento ar. Como regra, são espíritos dotados de um nível de compreensão mais amplo e abrangente, muitos dos quais foram escravos especializados em curas, iniciados na religião do povo de santo ou, então, sacerdotes de escolas iniciáticas do passado remoto, bagagem que lhes confere maior entendimento de certas questões da vida.

Os pais-velhos que usam o sobrenome ou a identificação *de Angola* geralmente são identificados com a energia e a força de Ogum, orixá ligado à transformação, ao progresso, à tecnologia e, em última instância, à lei. Assim sendo, os pais-velhos de Angola tendem a especializar-se nas chamadas *demandas*, agindo naquilo que conhecemos como *entroncamentos energéticos*. Nesses locais ou polos vibracionais, são capazes de reverter ou liberar emoções desequilibradas, além de atuarem numa frequência que lhes permite manipular ou lidar com fortes descargas magnéticas e fluídicas, auxiliando a solucionar desafios próprios de ambientes mais densos e cuja carga tóxica deve ser dissipada.

Os pais-velhos que trazem o codinome de *Calunga* ou *das almas* — como Pai Antônio das Almas e Pai Francisco da Calunga, por exemplo — são seres que trabalham na frequência do orixá Omolu ou Obaluaiê, donde se pode inferir que são exímios trabalhadores dedicados à transição das almas, isto é, ao momento que partem do plano físico para o astral. Como se não bastasse, auxiliam em muitas empreitadas de tratamento dos males físicos e conhecem profundamente as propriedades absorventes da chamada lama astral, entre outras habilidades de que são detentores.

É lógico que não há como dar, nestas breves palavras, todas as explicações que meus filhos carecem sobre o assunto. Deixo muita coisa para outra oportunidade, a fim de que também possam estudar mais. Como mencionei, eis uma questão nada consensual entre meus irmãos umbandistas, embora, no plano em que me encontro, tenhamos nossas impressões e nossa opinião, que compartilhamos com o intuito de motivar o início das pesquisas de meus filhos.

103 *Como você pode ter tanto conhecimento a respeito dessas regiões [do astral inferior] e das características de seus habitantes?*

(...) MEU FILHO, trabalhar como pai-velho não é algo tão simples assim. Não basta haver acumulado experiências como escravo ou conhecer algumas mandingas e depois manifestar-se por aí, fazendo benzeções. Nosso trabalho é bem mais amplo, e nossa preparação, mais complexa. A fim de desempenhar bem a função que abraçamos, temos de nos especializar em diversas áreas do conhecimento oculto. Dependendo da tarefa a que um pai-velho queira dedicar-se, além das diversas iniciações pelas quais passou em outras vidas, é preciso capacitar-se. No período em que estagiar no mundo oculto, além dos limites da matéria, deverá aprofundar seu conhecimento, infiltrando-se nas organizações das trevas, conhecendo-lhes perfeitamente as estruturas complexas e os antros do mal. Há que saber os detalhes da geografia astralina. E, tanto quanto conhece as ervas e suas aplicações, o pai-velho tem de ser experimentado no trato com as entidades endurecidas, com o vil obsessor, além de dominar o que se refere a magia, teurgia e outras coisas semelhantes. Para que um espírito se manifeste como pai-velho, coordenando uma tarefa de responsabilidade, é crucial ingressar nas escolas do astral ligadas às sagradas correntes da *aumbandã*, a lei de caridade da umbanda, realizando seu aperfeiçoamento com disciplinas rigorosíssimas e sob a tutela dos mestres do pensamento universal. Mas isso é apenas uma parte do processo, meu filho; outras coisas mais são necessárias, das quais não convém falar aqui, neste momento.[9]

[9] PINHEIRO. *Legião*. Op. cit. p. 112-113 (pergunta e resposta).

104 *E quanto aos caboclos que se manifestam nos terreiros e nos centros espíritas, todos eles têm conhecimento semelhante e capacidade de manipular as forças da natureza e os elementais, de modo a fazer frente aos trabalhos de magos e feiticeiros?*

VALE o mesmo que explicamos anteriormente, no que concerne à especialidade de cada espírito. Ou seja: não se pode pensar que todo espírito sabe tudo, nem sequer que os chamados mentores têm pleno conhecimento. O que dizemos não é nenhuma novidade; para facilitar a compreensão do tema, seria altamente recomendável que meus filhos estudassem a Escala Espírita,[10] na qual Allan Kardec descreve as várias gradações dos espíritos e suas diversas fases na hierarquia espiritual. Esse quadro vale para todos os espíritos, inclusive para aqueles que trabalham na umbanda, no candomblé de caboclo e nos demais cultos de caráter mediúnico.

Determinada espécie de caboclo pode não ter grandes conhecimentos, como é o caso de

[10] cf. KARDEC. *O livro dos espíritos*. Op. cit. p. 117-127, itens 100-113.

índios puris ou dos chamados puros índios, os quais foram espíritos simples, com pouco conhecimento e cujas experiências ficaram restritas à vida tribal e às necessidades de sua comunidade. Ao desencarnarem, muitos se conservam ligados à vida primitiva das aldeias do astral e a expressões de espiritualidade mais acanhadas, conforme o grau de compreensão e lucidez que demonstram do lado de cá.

Não obstante, há também caboclos dotados da especialidade mencionada na pergunta, capazes de desafiar os magos e feiticeiros. É o caso dos caboclos guerreiros e quimbandeiros, os quais saem pela vastidão do astral ou umbral com suas equipes de guerreiros e rastreadores, de soldados e demais comandados, liberando a paisagem extrafísica da ação de marginais e feiticeiros, de espíritos embusteiros e outros agentes da vida inferior. São imensamente temidos pelas turbas de obsessores devido à sua energia, ao seu vigor e à sua coragem ao enfrentar o mal e seus representantes. Outros caboclos auxiliam diretamente nas reuniões de cura e tratamento espiritual, pois conhecem detalhadamente as ervas e alguns segredos da natureza. São os chamados juremeiros. Frequentemente, por trás de sua vestimenta fluídica, costumam esconder-se sábios espíritos, emissários do Mundo Maior a serviço das forças soberanas da vida. Há ainda aqueles que são hábeis trabalhadores nas atividades de desobsessão, os quais, em parceria com os caboclos boiadeiros, atuam trazendo das furnas do umbral os magos e outros especialistas da maldade diretamente para as reuniões mediúnicas.

Como podemos notar, meus filhos, muitos espíritos que se revestem da roupagem fluídica de caboclos nem sempre foram índios e, muitas vezes, assim se mostram para ocultar a grandeza de seus espíritos milenares, disfarçar seu conhecimento ou não nos ofuscar com sua sabedoria. De toda maneira, reitero que nem todo caboclo assim como nem todo pai-velho são sinônimos de elevação e nobreza espiritual. É preciso conhecer cada vez melhor os espíritos que dirigem os trabalhos de meus filhos, pesquisar mais e questionar sempre, a fim de não se deixarem levar por artimanhas de espíritos mistificadores e mesmo de médiuns imprudentes, que também se comprazem na mistificação.

105 *Fale-nos sobre o feitiço mental e sua ação sobre as pessoas.*

O PENSAMENTO é a base de tudo no mundo. Toda construção do progresso humano nasceu do pensamento, que se associou a outros semelhantes e formou ideias. Essas mesmas ideias geraram esboços e planos, seguidos e postos em execução de modo a corresponder ao pensamento idealizado. Processo análogo ocorre em relação à prática do mal, às guerras e às inúmeras situações que prejudicam o homem tanto quanto sua morada planetária. Tudo surge a partir do pensamento concebido na mente. Mais poderosa do que a bomba atômica, a energia nuclear ou qualquer outra potência de que se tenha notícia, a força do pensamento é a fonte geradora de todo o bem e de todo o mal que existe sobre a Terra, em suas diversas dimensões.

Seja qual for o tipo do enfeitiçamento, seja magia mental ou verbal, ostensiva ou dissimulada, o pensamento é a mola propulsora de tais energias discordantes. A prática do feitiço mental é devastadora, sobretudo para quem o origina. Uma vez que a mente produz ideias e formas-pensamento que se revestem de palavras — as quais, por sua vez, constituem a primeira ponte para sua concretização no mundo das formas —, pode-se aquilatar o valor, o poder, o alcance e a importância do pensamento.

Contudo, o pensamento pode revelar-se muito mais nocivo do que as palavras mal expressadas, mal ditas, ao tomarmos o conjunto e o longo prazo. É que, com sua força e ação sobre os elementos ocultos, sobre a dimensão mental, o pensamento desperta instintos e emoções que irrompem num energismo tão devastador quanto incontrolável.

Muita gente há que, pretendendo ser boa, é péssima, na verdade, alcançando resultados lastimáveis quando se trata de fazer o bem. Em contrapartida, quando quer fazer o mal, é excepcional e plenamente exitosa. Isso nos faz refletir sobre a natureza dos pensamentos que geramos ou abrigamos em nosso interior. Dado seu caráter e em virtude da premeditação, que lhe aumenta o poder vibracional e devastador, potencializando o pensamento destrutivo, pode-se então considerar o feitiço mental como o mais perigoso que existe. Urdido nos escaninhos da alma e cultivado em meio a ideias de desforro, revide e amor enfermiço, bem como entre frustrações, vinganças pessoais e outros vícios e defeitos íntimos, o pensamento é quase sempre destrutivo quando dardeja raios inflamados sobre o inimigo pessoal ou social.

106 *Que dizer de certas pessoas que sistematicamente acreditam estar sob a influência de processos de magia e, numa espécie de crença arraigada, insistem que estão sob o império de forças ocultas, de feiticeiros e magos negros?*

Com certeza, tais pessoas precisam de ajuda urgente. Refiro-me à ajuda terapêutica, pois tendem a apresentar comportamento neurótico, inclinado à obsessão. Na verdade, talvez os psicólogos classificassem casos assim como paranoia obsessiva.

Trata-se de pessoas bastante místicas, que não se reconhecem diante dos problemas forjados por si mesmas. Em franco processo de fuga, não assumem a responsabilidade pelo quadro geral e os acontecimentos em suas vidas. Evitam constatar que o único responsável por sua infelicidade e sua desgraça, assim como por seu sucesso pessoal, são elas próprias. Segundo essa lógica, é bem mais fácil culpar inimigos invisíveis por todo o mal que lhes ocorre — embora nem sempre o apreendam inteiramente e com clareza — do que assumir a autoria de sua própria desdita. Sendo espiritualistas e místicos por excelência, encontram na feitiçaria e em supostos obsessores a causa de seus males ou a maquiagem perfeita para esconder a verdadeira gênese do problema.

Embora a existência da feitiçaria e da magia negra seja uma realidade concreta, não vejo como uma pessoa doente pode fazer o próprio diagnóstico com acerto e precisão. Isto é: dificilmente alguém sob o efeito real da feitiçaria sabe efetivamente a natureza do mal que o acomete. Afinal, é um doente do espírito. De modo geral, somente através de uma orientação espiritual direta é que se obtém esse tipo de diagnóstico com segurança.

Benfeitores responsáveis, especializados no assunto, não induzem a pessoa a essa convicção — nem a se transformar em vítima dela, fazendo do pensamento um circuito fechado, em que se observa o quadro somente pelo ângulo da suposta feitiçaria que a atinge. Os representantes do invisível, quando dotados de conhecimento e, acima de tudo, de especialização sobre o assunto, indicam o tratamento adequado para o alvo mental, ou seja, a pessoa que se enquadra na obsessão complexa por magia ou feitiçaria, sem lhe comprometer o psiquismo desnecessariamente com pormenores. Se acaso a pessoa de fato estiver sob a ação nefasta de feiticeiros ou magos negros, confirmar suas suspeitas por intermédio de um agente extrafísico apenas acentuará o mal a que dará vazão por meio das elucubrações.

Assim, filho, o melhor mesmo é tratar do assunto sem a interferência direta do doente ou do alvo mental. Muito embora, como já foi dito, o acompanhamento terapêutico especializado de um profissional seja indispensável, pois sua mente e suas emoções por certo estarão comprometidas. Portanto, a abordagem não será apenas de caráter espiritual ou desobsessivo, mas também terá cunho psiquiátrico ou psicológico.

107 *O estudo da magia contraria o ensinamento dos espíritos? Como conciliar o efeito e o estudo da magia e feitiçaria com os conceitos espíritas?*

NÃO ACREDITO que estudar magia e feitiçaria contrarie os ensinamentos do ilustre codificador do espiritismo, de forma alguma.

Quando Allan Kardec indaga se alguém poderia fazer mal a outra pessoa com o auxílio de um mau espírito, o espírito Verdade responde enfaticamente: "Não; Deus não o permitiria".[11] Quem deseja encerrar apressadamente a questão julga encontrar nessa passagem algo contra a existência e o estudo da magia e da feitiçaria, tomando-a como definitiva, principalmente se observada fora de contexto. No entanto, em pergunta anterior encontramos a chave para entender mais detalhadamente aquilo que o espírito Verdade assevera, quando responde se haverá verdade nos pactos com os maus espíritos. A explicação é elucidativa: "Não, não há pactos. Há, porém, naturezas más que simpatizam com os

[11] Ibidem, p. 344, item 551.

maus Espíritos".[12] Nas frases seguintes, o autor espiritual discorre sobre o que chama de *conjuração*, processo em que se estabelece uma barganha ou parceria com os espíritos inferiores. Portanto, entende-se que, se há conjuração, é que é possível a parceria de encarnados e desencarnados com a finalidade de fazer o mal. Essa espécie de conluio só não pode afrontar a vontade do Pai, conforme assegura o espírito mais adiante; eis o seu limite.

Adiante no mesmo livro fundamental da doutrina espírita, Kardec pergunta acerca da bênção e da maldição; se é verdade que possam atrair o bem e o mal sobre quem são lançadas. Novamente, a resposta dos espíritos veneráveis que patrocinaram a codificação é esclarecedora. Falam que "Deus não escuta a maldição injusta".[13] Donde se pode concluir, levando avante o mesmo pensamento, que se a maldição for justa, aí sim, deve-se esperar que algo aconteça. Porém, o texto ilumina ainda mais quando o Imortal desenvolve seu pensamento: "Demais,

[12] Ibidem, p. 342-343, item 549.

[13] Ibidem, p. 347, item 557.

o que é comum é serem amaldiçoados os maus e abençoados os bons",[14] diz o espírito Verdade. Outra vez pode-se deduzir que pessoas que mereçam, segundo critérios divinos, ou que tenham sido más de alguma forma, podem sofrer as consequências de uma maldição, segundo as palavras comuns à segunda metade do século XIX. E, para encerrar o argumento, o venerável que responde a Kardec complementa: "Jamais a bênção e a maldição podem desviar da senda da justiça a Providência, que nunca fere o maldito, senão quando mau, e cuja proteção não acoberta senão aquele que a merece".[15]

Como se vê, meu filho, o próprio Codificador transcreve as palavras dos Imortais que dão conta de que a proteção espiritual é extensiva somente a quem a merece. Isso implica dizer que, caso a pessoa não faça jus a tal proteção, ficará à mercê de forças discordantes, que, na atualidade, podem muito bem ser classificadas, em suas inúmeras formas de atuação, como feitiçaria, bruxaria, malefício, maleita e fenôme-

[14] Idem.

[15] Idem.

nos do gênero.

Eis o princípio da feitiçaria, ainda que em outras palavras, no pronunciamento do espírito Verdade. A *conjuração* de que fala Kardec é algo muito semelhante àquilo que hoje se chama *feitiço*, enquanto a "conjuração oposta"[16] que o texto menciona nada mais é do que o desmanche, a antigoécia, o enfrentamento do feitiço e sua reversão.

Sei, meu filho, que muitos espíritas adotam uma ideia errônea, por causa da desinformação, da falta de estudo mesmo, o que gera uma interpretação equivocada de que os bons espíritos protegem todos deste tipo de mal, o feitiço, e ainda com maior intensidade — segundo acreditam — aqueles que se dedicam ao bem, os religiosos. No entanto, as coisas não se passam de forma tão simples como sugere a explicação que se dá corriqueiramente a questão de ordem tão complexa. A realidade é que os bons espíritos protegem na medida do *merecimento*[17] de cada

[16] Ibidem, p. 343, item 549.

[17] Eis um conceito frequentemente bastante distorcido no uso corrente que ganha no meio espírita. Urge relembrar as conotações

um. E temos também de considerar que a sintonia ou vibração da maioria dos que pretendem seguir ao Cristo de forma alguma corresponde ao que a prática do discurso poderia produzir, isto é: a vivência ainda está muito distante do que se fala e se prega. Portanto, em matéria de sintonia, muitos religiosos apresentam sérias complicações, sejam eles espíritas, umbandistas, ou de outras denominações. O que normalmente se vê entre os cristãos em geral — que, ao propalar a imunidade às maldições, com efeito, advogam em causa própria — é um padrão vibracional que acaba por abrir brechas ou feridas na estrutura energética da aura, favorecendo ataques energéticos e processos obsessivos delicados, senão complexos.

Para esclarecer um pouco mais o assunto,

que os espíritos da Codificação quiseram dar ao termo *merecimento*, que ocorre diversas vezes ao longo da obra kardequiana, mais associado à ideia de mérito em virtude do esforço realizado e à vida futura do que tido como baliza para julgar por que determinada pessoa recebeu ou não algum benefício ou o auxílio desejado (ex. KARDEC. *O livro dos espíritos*. Op. cit, itens 119, 199, 222 (n. 5), 646, 709, 789, 806 passim).

quero deixar registradas aqui nestas páginas algumas palavras menos conhecidas do próprio codificador do espiritismo, que dá uma ideia do mal que se pode levar a efeito quando se estabelece parceria com espíritos mal-intencionados ou trevosos:

"O fluido perispiritual do encarnado é, pois, acionado pelo Espírito. Se, por sua vontade, o Espírito, por assim dizer, dardeja raios sobre outro indivíduo, os raios o penetram. Daí a ação magnética mais ou menos poderosa, conforme a vontade; mais ou menos benfazeja, conforme sejam os raios de natureza melhor ou pior, mais ou menos vivificante. Porque podem, por sua ação, penetrar os órgãos e, em certos casos, restabelecer o estado normal. Sabe-se da importância das qualidades morais do magnetizador. Aquilo que pode fazer o Espírito encarnado, dardejando seu próprio fluido sobre uma pessoa, um Espírito desencarnado também o pode, visto ter o mesmo fluido, ou seja, pode magnetizar. Conforme seja bom ou mau o fluido, sua ação será benéfica ou prejudicial".[18]

[18] "Estudos sobre os possessos de Morzine: causas da obsessão e

108 *A prática da umbanda tem algum efeito sobre o psiquismo das pessoas?*

QUALQUER religião, desde que praticada tendo como base a caridade, o amor e a fraternidade, produz influências benéficas sobre o adepto. Entretanto, caso seus representantes lancem mão de ferramentas inadequadas na condução de seus iniciados e adeptos, poderão ocorrer traumas e outras consequências de caráter psicológico, psíquico ou emocional envolvendo os seguidores. Não há diferença, nesse aspecto, entre a umbanda e as outras religiões do planeta.

109 *Que é uma demanda e como vê as pessoas que vivem dizendo que estão demandando ou são alvos de demandas, de trabalhos feitos e coisas do gênero?*

O TERMO *demanda* pertence de uma forma particular ao domínio das religiões afro, ao can-

meios de combatê-la". In: KARDEC. *Revista espírita*. Op. cit. p. 489-490, v. V, dez. 1862.

domblé de raiz e à umbanda. Significa que há um desafio energético ou espiritual enfrentado vibratoriamente por um indivíduo, o qual pode ter sido lançado por alguém que quer o mal da pessoa-alvo. Falando de forma geral, as demandas envolvem um agente manipulador de energias. Estas podem ter caráter exclusivamente mental ou emocional, como também adquirir traços mais físicos e materiais, com a realização de ebós, feitiços e outras formas de conjuro ou parceria com forças, energias ou seres de natureza barôntica. Nas demandas mais comuns, o feiticeiro utiliza-se de alguns recursos conhecidos por ele, desde materiais empregados como condensadores energéticos até a força mental e emocional com que impregna tais artefatos, convertendo-os em acumuladores de fluidos primários, que lhe servem de canal ou rastro magnético em suas tentativas de intimidar, prejudicar ou comprometer seu alvo mental.

Em suma, a demanda é a mesma feitiçaria, ou um nome genérico para qualquer forma análoga de magia, que nem sempre surte os efeitos desejados sobre a vítima, pois em geral é motivada por desavenças, diferenças de opinião, brigas por clientela espiritual e outras situações próprias do comércio ilícito das coisas sagradas.

110 *Quanto aos que são fascinados por espíritos, como lidar com eles? Como proceder com quem é fanático por fenômenos mediúnicos? Esses indivíduos são alvos fáceis de manipuladores, mistificadores e charlatães, não é verdade?*

Com certeza, tais pessoas se transformam em vítimas de manipuladores de emoção, de charlatães e outros elementos do gênero. Como são fascinadas ou estão deslumbradas com o fenômeno de origem espiritual, aceitam qualquer coisa que vá confirmar ou aprofundar suas crenças e a necessidade de experimentar algo místico. Vivendo desde simples questões de ordem emocional, namoros mal resolvidos e casamentos infelizes até questões financeiras e situações envolvendo uma suposta mediunidade que não detêm, entregam-se a qualquer indivíduo minimamente habilidoso na arte de enganar, que teatraliza incorporações e revelações quando, na verdade, está apenas iludindo seu alvo crédulo.

Os manipuladores e mistificadores, charlatães e aproveitadores da fé alheia geralmente gostam de se exibir como médiuns, como detentores de um conhecimento que, na realidade, não passa de algo superficial, um pseudoconhecimento de verdades espirituais. Esses embusteiros ouvem atentamente cada pronunciamento das pessoas a seu redor e sabem como interpretar palavras e frases de maneira a extrair-lhes a matéria-prima de sua suposta comunicação espiritual. De posse das informações que obtêm de amigos, companheiros de fé e trabalho, "incorporam" determinado espírito e, em seu simulacro, revelam aos olhos do crédulo aquilo que lhes convém, através de um espírito que não existe.

É comum encontrarmos sacerdotes de cultos exóticos, e mesmo muitos que dizem trabalhar como pais e mães de santo, que não ostentam a responsabilidade espiritual necessária para ocupar tais funções. Usam daquela habilidade manipuladora para obter algum ganho pessoal, ainda que não seja de natureza financeira, mas exclusivamente emocional; em suma, para ter acesso a formas diversas de se beneficiarem de seus discípulos ou seguidores. Incorporam em qualquer lugar, comprazem-se em alardear que foram seus guias que lhes inspiraram tais e quais coisas. Caso sejam questionados a respeito, justificam-se dizendo que estão guardando conhecimentos que não podem ser revelados, explicando à sua plateia crédula que determinada prática é um segredo, uma mironga, e que somente iniciados podem ter acesso àquele tipo de conhecimento, que, na verdade, eles não detêm.

Encontram-se charlatães em todas as religiões; contudo, naquelas de caráter mítico, magista ou de cunho mediúnico declarado, parece existir um público mais carente e sujeito à ilusão. Por essa e outras razões, meu filho, o estudo da doutrina dos espíritos é a melhor maneira de se precaver contra esse tipo de gente, além de fazer com que as crenças pessoais arraigadas ao longo de séculos e anos de convivência com práticas religiosas manipuladoras possam se desfazer. À medida que estudam, que se esclarecem, todos se tornam mais e mais imunes à ação desses embusteiros baratos, ladrões da fé alheia. Cada vez que se dá um passo em direção à racionalidade, procurando entender as coisas por meio do questionamento — indagando inclusive os espíritos que dirigem os agrupamentos religiosos e mediúnicos —, mais o indivíduo se fortalece contra possíveis manipulações, fraudes e mistificações.

111 *Você pode discorrer com maiores detalhes a respeito da manipulação mental e emocional, Pai João?*

A MANIPULAÇÃO mental e emocional realizada por pessoas habilidosas em enganar, em se aproveitar da fé alheia, sempre obedece aos mesmos padrões da hipnose. Com efeito, pode-se dizer que todo manipulador hábil é um hipnotista, que se utiliza dessa aptidão para induzir seu alvo ou vítima a agir conforme seus caprichos, sempre visando obter alguma vantagem.

Os charlatães e manipuladores encontrados em todas as religiões do planeta e entre todos os grupos sociais muitas vezes usam de recursos que aprenderam ao longo dos anos, sem que nem eles mesmos saibam, na intimidade, como funcionam tais expedientes. Testaram alguma vez e, como deu certo, levam adiante determinadas práticas em seu círculo de influência.

Os alvos mentais podem ser divididos em três categorias distintas, de acordo com a forma como as impressões os atingem: sensíveis aos estímulos de natureza visual, auditiva e de caráter sinestésico, isto é, concernente à sensação. Quase todo ser humano se enquadra numa dessas características, que são exploradas pelo charlatão ou indutor a fim de obter os resultados que lhe interessam.

A manipulação tem como base as crenças e convicções de quem sucumbe à sua trama. Isso é ainda mais evidente entre pessoas religiosas e místicas. O embusteiro que almeja alguma espécie de lucro com suas revelações de pretensa origem espiritual explora sobejamente as crenças de sua "vítima" fiel. Pessoas de característica mais emotiva ou submissa, que adotam posições mais místicas do que racionais, geralmente são alvos fáceis desse tipo de gente inconsequente. Indivíduos com formação espiritual infantil e facilmente impressionáveis são presas ideais, seja do médium, pai de santo ou pastor, seja de qualquer dirigente religioso ou de político manipulador e irresponsável. Como disse, a base sobre a qual operam charlatães e embusteiros para dominar a fé, a vontade e obter lucros com sua sedução mental, emocional ou espiritual consiste invariavelmente nas crenças de cada um, somada à forte característica de não questionar ou avaliar aquilo que lhe é inspirado através da hipnose disfarçada.

Como já disse, encontramos esse tipo de manipulador de emoções e crenças em meio aos religiosos, desde ministros de alguns grupos que se denominam evangélicos até médiuns espíritas e umbandistas em busca de projeção, entre outros que ostentam títulos religiosos dos quais não pretendem abrir mão, bem como entre políticos, com frequência ainda maior.

112 *Os chamados pontos riscados têm algum efeito sobre a vida de alguém, sobre os espíritos ou um grupo de espíritos? Poderia falar-nos sobre esse assunto quase desconhecido nos meios espíritas?*

OS PONTOS riscados nada mais são do que formas evocativas de forças e energias específicas; além disso, identificam a procedência de algum espírito filiado a determinado grupo iniciático no plano astral. São considerados sagrados entre os praticantes da umbanda, de cultos de origem africana e de outros cultos de natureza mágica. Apesar disso, observamos como às vezes o tema é tratado de maneira displicente e até irresponsável por adeptos de diversas práticas e filosofias. Pessoas que querem passar por conhecedoras dessa milenar ciência, sem qualquer iniciação na matéria, mas com a intenção de posar de dominadoras do assunto, costumam traçar linhas incompreensíveis para sua plateia, sem contudo serem questionadas; médiuns que nunca estudaram o assunto se arrogam o direito de rabiscar algumas imagens bizarras com instrumentos inapropriados, procurando aparentar aquilo que não são. Espíritos, ainda mais ignorantes que seus médiuns levianos, também encenam seu teatro para chamar a atenção de pessoas crédulas, aspirando a posições que jamais ocuparam na hierarquia espiritual.

O ponto riscado tem a função, como dito há

pouco, de identificar a afinidade do espírito com determinada faixa de vibração ou força da natureza representada por algum dos orixás cultuados nos cultos de raiz, ou com cultos do antigo Egito, da Pérsia e outros centros de ensinamento esotérico do passado. Além desses, existem também os pontos evocativos de forças da natureza, de falanges de espíritos e de energias imunizantes ou prejudiciais. Em suma, os chamados pontos não passam de condensadores energéticos de altíssima potência, que devem ser usados apenas por quem detém conhecimento do assunto — e em lugar adequado e momento propício. É uma potência mágica que pretende invocar a energia que dá origem a todas as coisas, invocando mentalmente a força vital e espiritual com vistas a determinado fim.

Logo nas páginas iniciais de *O livro dos espíritos*, obra que funda o espiritismo na Terra, está estampado — a pedido dos próprios Imortais — o símbolo do espírito Verdade. É na seção intitulada Prolegômenos que Allan Kardec reproduz a simbologia desenhada por meio da mediunidade e transcreve a explicação psicografada pelos emissários do Alto acerca de seu significado.[19] Eis o símbolo do espiritismo por excelência, a imagem que o sintetiza e o representa onde quer que seja, nas instâncias do astral. Para o desgosto de alguns, que provavelmente prefeririam outros termos, diríamos ser este o *ponto riscado* que evoca a força e a orientação, o significado e a afinidade com a proposta do espírito Verdade.

Os legionários de Maria, espíritos integrantes da Legião de Maria, são especializados no resgate a entidades em profundo sofrimento nas regiões abismais. Costumam apresentar-se em grupo, com o símbolo da cruz azul estampado sobre o branco, tanto em seus trajes, no peito, como em suas flâmulas. Eis a imagem que os identifica e pode ser interpretada como sendo o ponto riscado que exprime sua procedência es-

[19] "*Porás no cabeçalho do livro a cepa que te desenhamos,** porque é o emblema do trabalho do Criador. Aí se acham reunidos todos os princípios materiais que melhor podem representar o corpo e o espírito. O corpo é a cepa; o espírito é o licor; a alma ou espírito ligado à matéria é o bago. O homem quintessencia o espírito pelo trabalho e tu sabes que só mediante o trabalho do corpo o Espírito adquire conhecimentos". Para dirimir dúvidas, o próprio Kardec

piritual. A Fraternidade do Triângulo, da Rosa e da Cruz, entre diversas outras falanges do mundo astral, também caracteriza seus iniciados com os símbolos de sua cultura espiritual e do grupo de trabalho com o qual guardam afinidade. Nesse sentido, até as bandeiras e os brasões utilizados pelas diversas nações da Terra são instrumentos para assinalar-lhes a identidade, ilustrando sua procedência e o que representam; em última análise, fundamentam-se no mesmo princípio dos pontos riscados.

Portanto, embora a terminologia seja própria de cultos que têm seu desenvolvimento ligado à presença do negro na história brasileira, vê-se que o conhecimento dos pontos riscados transcende barreiras sectárias ou de formalidade religiosa. De forma mais simples, são sím-

reitera, em nota: (*) "A cepa que se vê na pág. 68 é o fac-símile da que os Espíritos desenharam". Ao final da mensagem, assinam esse texto, que pode ser considerado a ata de fundação do espiritismo sobre a Terra: "São João Evangelista, Santo Agostinho, São Vicente de Paulo, São Luís, O Espírito de Verdade, Sócrates, Platão, Fénelon, Franklin, Swedenborg, etc., etc." ("Prolegômenos". In: KARDEC. *O livro dos espíritos*. Op. cit. p. 70-71. Grifo nosso).

bolos que, quando aplicados em seu objetivo espiritual, servem a finalidades sublimes e à evocação de forças e energias que de maneira alguma podem ser ignoradas ou usadas irresponsavelmente.

CAPÍTULO 8

Condensadores energéticos

"

Toda reunião espírita deve, pois, tender para a maior homogeneidade possível. Está entendido que falamos das em que se deseja chegar a resultados sérios e verdadeiramente úteis. Se o que se quer é apenas obter comunicações, sejam estas quais forem, sem nenhuma atenção à qualidade dos que as deem, evidentemente desnecessárias se tornam todas essas precauções; mas, então, ninguém tem que se queixar da qualidade do produto.

"

ALLAN KARDEC[1]

[1] KARDEC. *O livro dos médiuns...* Op. cit. p. 504, item 331.

“

Em verdade vos digo que, se tiverdes fé
e não duvidardes, não só fareis o que foi feito à figueira,
mas até se a este monte disserdes:
Ergue-te e precipita-te no mar, assim será feito.

”

JESUS DE NAZARÉ[2]

[2] Mt 21:21.

113 PODERIA *nos falar sobre quais objetos ou elementos podem ser usados como condensadores energéticos?*

Os condensadores de energia são objetos materiais ou imateriais, simbólicos, que possuem a propriedade de aglutinar a força primordial, esotérica ou mágica e irradiá-la em determinado momento. Em contato com o alvo mental com o qual foi associado, o condensador descarrega o conteúdo fluídico acumulado, seja a benefício ou prejuízo daquele a quem se dirige. Como exemplo, nas lides espíritas temos a água fluidificada ou magnetizada, potente acumulador energético através do qual os benfeitores e/ou magnetizadores encarnados transmitem suas emanações e qualidades emocionais e mentais para a água. Quando o indivíduo toma do líquido precioso, todo o energismo ali concentrado derrama-se em sua estrutura orgânica, etérica e espiritual. Naturalmente, os resultados serão compatíveis com a identidade energética que o agente assimilador estabelece com os fluidos ali dinamizados; o processo de sintonia é essencial para que esse energismo alcance o efeito pretendido.

No caso da magia negra e dos processos de feitiçaria, vários artefatos são utilizados pelos feiticeiros encarnados e desencarnados para atingir seus objetivos. Não obstante, é bom que fique claro que, para o desmanche da magia ou feitiçaria — a antigoécia — sob a ótica espírita, não se faz necessário usar objetos, tais como velas, despachos, ebós, pós ou outros instrumentos materiais. O conhecimento espírita oferece uma série de recursos para a abordagem dos complexos processos obsessivos. A aplicação dos princípios do magnetismo, o desdobramento de médiuns conscientes acompanhados de seus mentores e guardiões, os trabalhos realizados em reuniões de ectoplasmia são algumas das valiosas ferramentas para solucionar o caso, dispersar e eliminar o resquício do mal perpetrado pelos trabalhos de baixa magia. Além delas, o manejo das forças da natureza, com o conhecimento dos elementais, das ervas e suas propriedades terapêuticas, constitui poderoso auxiliar para desmantelar qualquer ação do mal, desde que seja empregado com sabedoria e entendimento, sem o misticismo próprio de pessoas que fantasiam as questões espirituais.

114 *Como conciliar as chamadas oferendas usadas para cultuar os orixás em pleno século XXI, com a nova visão de espiritualidade que emerge neste início de século?*

TEMOS DE convir, meu filho, que muita gente ainda está prisioneira de elementos materiais, fetiches, crendices inapropriadas para este momento evolutivo. As pessoas que ainda sentem necessidade de usar desses artifícios para lidar com as forças soberanas da natureza estagiam numa fase primitiva da vida espiritual. Embora não compactuemos com suas práticas, respeitamos profundamente seu direito de usar do que sabem e como sabem em sua vivência religiosa.

O que não podemos é conceber que, para adorar simples forças da natureza, como o filho deu o exemplo dos orixás, devam estes ser presenteados com objetos quaisquer e ritos ultrapassados a fim de que, teoricamente, possam ser contentados. Como entender que a força criadora das águas, é chamada de Iemanjá, seja cultuada com objetos materiais — sabonetes, flores, comidas e bebidas preparadas tão ao gosto dos humanos cheios de seus vícios —, e que tais coisas sejam usadas para poluir as praias e o próprio ambiente natural onde se pretende que esse orixá domine? A falta de respeito com a natureza, sujando-se as praias, e a exibição de indivíduos em rituais exóticos, que mais servem para chamar a atenção para o teatro bizarro que pessoas ignorantes realizam, depõem contra ou desmentem o caráter sério e respeitoso que praticantes aspiram conquistar para sua fé ou crença. Como cultuar essa energia, se Iemanjá — que não é um ser consciencial nem tampouco um espírito incorporante — é a própria força criadora representada pela água salgada, pelos oceanos e mares? Poluindo e sujando justamente o ambiente em que atua o orixá? Ou então, como pretender cultuar Oxum, o orixá associado aos rios, cachoeiras e olhos d'água, deteriorando o mesmo ambiente que se entende ser dominado por esse orixá?

Em verdade, ao encontrarmos certas oferendas em ruas, matas, cachoeiras e praias, o único sentimento que nos inspira é um misto de indignação e comiseração por aqueles que querem ver seus cultos respeitados, mas que não respeitam o sagrado ambiente do planeta Terra, que precisa urgentemente ser preservado, higienizado e abraçado pelo bom senso de seus habitantes.

Em pleno século XXI, temos forçosamente de reconhecer que precisamos atualizar ou rever nossa metodologia de contato com o invisível. É urgente refazer o caminho de busca da religiosidade, espiritualizando os métodos, desmistificando os ritos, desafricanizando os cultos — ou seja, despindo os cultos brasileiros de práticas primitivas que remontam a tempos antigos do continente. Dessa forma, as manifestações de adoração e louvor serão elevadas a um patamar mais saudável, a uma prática mais ecológica, no sentido mais amplo do termo, renovando as relações com essas forças poderosas que se manifestam no mundo, às quais denominamos orixás.

115 *O uso de ebós e despachos pode influenciar as forças da natureza ou as energias emanadas das divindades às quais os representantes de cultos afro dão o nome de orixás?*

Muitas manifestações externas de alguns cultos, muitos ritos ricos de simbolismo frequentemente funcionam menos para despertar o energismo da natureza e mais como elementos catalisadores da força mental e emocional de seus praticantes. A força divina existente no universo está disponível a todos os seres humanos do planeta Terra. Se for fundamental a utilização de ebós, despachos e oferendas nos moldes em que se ensina e pratica em alguns redutos religiosos, como entender o despertar das forças magnéticas, etéricas, mentais e universais por parte de habitantes de outros países, representantes de outras culturas, que nunca conheceram métodos como os que se veem nos cultos de raiz? Como tais forças estarão disponíveis e atuarão para os irmãos do Oriente, para as culturas europeias e asiáticas se eles nem sequer conhecem o nome *orixá*, tampouco os ritos com que se pretende invocar essas potências da natureza?

Sob esse aspecto, temos de convir, meu filho, que a época em que se vive no planeta Terra exige que muita coisa se adapte à realidade. Desse modo, deparamos com o desafio de ver Iansã tendo de presidir os fenômenos da chuva ácida ou das tempestades desencadeadas pelo El Niño ou pela La Niña. Vemos Oxum obrigada a se adaptar à contaminação de seus mantos d'água, rios e cachoeiras, ou Xangô forçado a conviver com as incursões e invasões dos humanos nos ambientes das pedreiras, destruindo-as e reduzindo-as à triste paisagem das jazidas de extração do minério de ferro. Oxóssi, o grande orixá do verde, vê-se compelido a combater o fogo nas matas onde seus devotos acenderam velas e charutos, sem o mínimo de bom senso, desencadeando incêndios e devastando seus domínios. Exu, naturalmente, terá de se movimentar em busca de outros lugares para trabalhar, pois nem ao menos aqueles que pretendem cultuar, evocar e manipular essa força sagrada da natureza respeitam os redutos onde entendem que ela age. Nem mesmo um quiumba — isto é, um espírito vândalo — consegue respirar em meio a animais mortos, restos de cerveja malcheirosos e oferendas apodrecidas nos recantos das ruas.

Se os religiosos de fato prezam aqueles seres ou potências da natureza que intentam adorar, devem desenvolver o mínimo de bom senso ao entrar em comunhão com tais elementos. Precisam atualizar seu conhecimento e sua metodologia. Como imaginar que as forças mais sagradas que conhecemos se contentem e se alegrem com os animais mortos, o sangue coagulado e o cheiro de podridão dos feitiços e oferendas deixados nos cantos de ruas, nas matas e nos ambiente naturais? A essas forças, esses seres espirituais ou emanações da força divina deve ser ofertado o melhor que temos em matéria de amor, fraternidade, respeito à natureza e ao semelhante! Ofertemos nossa fé na elaboração de um culto mais rico. E, se forem necessários ritualismos, que sejam respeitosos com as forças sublimes da natureza, com os redutos onde imperam tais forças, com limpeza e bom gosto; enfim, que estejam imbuídos de um sentimento ecológico de preservação do ambiente sagrado e comum a todos nós, o planeta Terra.

116 *Qual o efeito de despachos e oferendas sobre aquele que é alvo ou endereço vibratório desse tipo de trabalho?*

A AÇÃO desencadeada pela feitiçaria depende da força mental geradora e mantenedora da energia que foi aglutinada no condensador energético tanto quanto da sintonia do alvo mental ou endereço vibratório. De alguma forma e em algum grau o fluido malsão circulará na aura daquele a quem se destina, mas será pressentido, captado ou recebido na proporção exata da sintonia mental e do sentimento de culpa alimentado pelo indivíduo, bem como dos pensamentos e emoções que este abriga em seu íntimo. Tendo em vista o comum da realidade humana, pode-se ter uma ideia de como esse conjunto de elementos compõe um quadro bastante favorável para que a energia mental malsã faça sensível estrago no psiquismo daquele a quem se destina. Por essa razão, nunca será demais enfatizar que a busca por pensamentos e emoções organizados e harmônicos, por uma vida de relativa tranquilidade emocional e por uma vivência genuína da espiritualidade consiste num potente instrumento contra forças desencadeadoras de desarmonias psíquicas.

117 *Como interpretar o despacho encontrado na encruzilhada? Qual tipo de espírito se liga a tal prática ou ritual?*

ANTIGAMENTE, meu filho, alguns exus inferiores, quiumbas e demais espíritos vândalos se afeiçoavam muitíssimo a tais oferendas. Porém, a humanidade evolui, tanto os encarnados quanto os desencarnados. Sendo assim, do lado de cá da vida temos observado como, felizmente, número cada vez menor de entidades grosseiras tem se dedicado a esse tipo de oferenda, de extremo mau gosto. Em geral, tais práticas atraem seres dependentes de plasma sanguíneo, escravizados por vícios que alimentam desde a época em que possuíam corpo físico, os quais ainda se contentam com as oferendas feitas por pessoas que também não desenvolveram uma vida espiritual de relativa qualidade.

Os guardiões responsáveis pelo saneamento psíquico do orbe terreno têm levado a cabo um trabalho muito intenso e interessante, limpando e empreendendo notável higiene psíquica nas ruas, nos ambientes astrais até então povoados por espíritos vândalos e ignorantes. Mais e mais temos assistido à renovação desses seres, a seu despertamento para uma nova visão de espiritualidade e à condução de muitos deles para o panorama físico, por meio da reencarnação. Desse modo, embora o mau gosto e o extremo desrespeito com o espaço público de ruas e recantos naturais por parte de alguns poucos desinformados que insistem em práticas desnecessárias, frequentemente se veem sozinhos ao empreendê-las, pois muitos dos espíritos que antes se sentiam à vontade com iniciativas do gênero nem se encontram mais no plano astral, pois assumiram novos corpos no ambiente do mundo, reencarnando a fim de aprender e se espiritualizar.

Vemos muita gente por aí gritando, acendendo velas nas ruas, queimando pólvora nas encruzilhadas ou em suas casas de culto, sem contar com a presença das entidades que pretendem evocar. Outros espíritos, mais tacanhos e possuidores de parco conhecimento, acercam-se dessas pessoas, mas quase nada entendem daquilo que está sendo feito. E mesmo entre aqueles que afirmam saber o que fazem, já se perdeu o conhecimento iniciático que alimentaria ou despertaria magneticamente o energismo que visam manipular. Em breve, meu filho, tais ritos serão abandonados, por desnecessários. Os cultos espirituais ou religiosos passarão forçosamente por um momento de espiritualização e desmistificação, a fim de emergirem para uma nova consciência, sadia e promissora. Aí, então, os espíritos veneráveis, as forças mais sagradas da natureza, estabelecerão parceria com os seres encarnados para despertar o aspecto espiritual, o lado mental e mais etéreo da fé e das crenças humanas, objetivando a melhora e o crescimento da humanidade. Não há como deter a marcha do progresso.

118 *Que consequências enfrentará aquele que é o instrumento para o prejuízo do próximo?*

NOSSO Senhor Jesus Cristo, meu filho, já deu a fórmula que há muito é conhecida por todos os cristãos: "A cada um segundo as suas obras".[3] Nada mais tenho a acrescentar sobre o assunto.

119 *Qual o efeito de trabalhos para "trazer a pessoa amada de volta", conforme anunciados e alardeados por diversas pessoas que se dizem possuidoras de uma força mágica especial?*

EFEITO, meu filho? Talvez seja o aumento da poupança dos falsos profetas, falsos pais e mães de santo ou exploradores da fé alheia. Também há a diminuição da fé dos consulentes, do dinheiro em seu bolso, da crença no ser humano. Esses supostos videntes são, em todos os casos, irresponsáveis, manipuladores da fé, mistifica-

[3] Mt 16:27.

dores baratos que semeiam a desgraça por meio de promessas que nunca poderão cumprir. Solapam a fé alheia em nome de forças e energias que desconhecem. O melhor mesmo, para enfrentar esse problema, seria que a legislação humana pudesse imputar como crime a atuação de charlatões assim, acusando-os de atentar contra a fé, a boa vontade e a tranquilidade emocional do ser humano.[4]

120 *O feiticeiro tem responsabilidade sobre o que lhe é pedido para fazer? De outro lado, aquele que encomenda um feitiço responderá por aquilo que será feito?*

Cada um dos agentes responde pela parte que lhe toca. Quem encomenda um feitiço é o responsável em primeiro grau pelo mal pretendido, cumpra-se ou não o efeito sobre sua vítima.

[4] É importante notar que aqui o autor espiritual interpreta a pergunta do ponto de vista das *consequências* enfrentadas por quem participa das chamadas amarrações da feitiçaria. Isto é, não afirma que tais trabalhos jamais atingem seu objetivo; pelo contrário.

A intenção de fazer o mal e a vontade alimentada em torno desse objetivo, muitas vezes, são mais complicadas que o ato de maldade em si. Aquele que atende ou se sujeita aos caprichos de quem pede, cobrando sem escrúpulos e realizando-lhe o intento, torna-se corresponsável pelo mal levado a efeito, pois coloca suas energias mentais e emocionais a serviço de entidades sombrias e negativas; portanto, responderá na medida exata da sua responsabilidade e participação perante a lei divina, que prevê "a cada um segundo as suas obras".[5]

121 *Como proceder, numa reunião de desobsessão ou em outra semelhante, a fim de desmanchar a feitiçaria ou a baixa magia?*

Como já disse antes, uma reunião é constituída por um grupo de pessoas que deve estar uni-

Para confirmar essa posição, basta reportar-se à nota 19 da questão 65 (cap. 5), em que se comentam as circunstâncias particulares de êxito das amarrações, bem como à resposta número 120, a seguir.

[5] Loc. cit.

do tanto nos bons propósitos quanto na busca pelo conhecimento. Allan Kardec dá a fórmula ou enumera os elementos essenciais a uma reunião bem organizada e produtiva, de modo que, para isso, basta consultar *O livro dos médiuns*[6] e seguir-lhe os sensatos apontamentos.

De toda maneira, é preciso considerar que, para enfrentar processos complexos de obsessão, o agrupamento deve estar comprometido em se inteirar do assunto, estudá-lo e especializar-se constantemente, com espírito progressista e de pesquisa. Também é fundamental cultivar o bom senso, que é produto da razão e do sentimento na medida certa, conforme assevera um amigo espiritual. É preciso saber em que momento parar e por que parar, pois muita gente cheia de boa vontade também é cheia de arrogância, e acredita poder resolver absolutamente tudo que lhe é apresentado.

Sobre esse ponto é oportuno dizer que nem

[6] "Em resumo: as condições do meio serão tanto melhores, quanto mais homogeneidade houver para o bem, mais sentimentos puros e elevados, mais desejo sincero de instrução, sem ideias preconcebidas" (KARDEC. *O livro dos médiuns*... Op. cit. p. 344, item 233).

todos os problemas aparentes devem ser erradicados ou resolvidos, inclusive muitos de natureza obsessiva. Grande número de coisas que incomodam e que se afiguram como problema representam uma solução divina ou humana para impedir desastres maiores. Além disso, não somos deuses, tampouco conhecemos profundamente todas as coisas — nem sequer as mínimas que nos dizem respeito... Eis por que o bom senso importa tanto, pois há situações que, simplesmente, nem nós, os espíritos, sabemos como solucionar. Não se pode querer resolver todo e qualquer caso com o pouco de conhecimento e vivência moral de que somos detentores.

À parte tais aspectos, meu filho, importa colocarmo-nos à disposição dos benfeitores da humanidade, a fim de sermos instrumentos eficientes, embora sem perder a consciência de nossos limites. É preciso abordar o assunto da obsessão complexa, da magia e da feitiça-

Além dessa síntese, em vários momentos da obra citada o Codificador discorre sobre as condições ideais para as reuniões proveitosas, embora se dedique ao tema em particular na primeira parte do cap. 29 (cf. Ibidem, p. 496 a 506, itens 324 a 333).

ria com o máximo de prudência, evitando, com veemência, misticismos e outros *ismos*, uma vez que mais atrapalham do que auxiliam.

122 *Complementando a questão anterior, o que é necessário para se formar um grupo mediúnico de desobsessão capaz de enfrentar feitiçarias e magias? Médiuns e dirigentes precisam de algum preparo especial?*

DESENVOLVENDO um pouco mais o que falei, a reunião mediúnica bem estruturada para a finalidade citada deve ser composta por um número de pessoas suficiente, de modo que o trabalho não pese sobre os ombros do dirigente ou evocador e de um único médium. É preciso evitar o acúmulo de tarefas e a sobrecarga que esse tipo de reunião acarreta. Contudo, não acredito ser necessário criar uma reunião especial, somente para lidar com magia e feitiçaria. Esse não é um fenômeno tão comum como se pretende. Basta que os integrantes da reunião estejam atentos ao que ocorre, discutindo e aprendendo com as experiências ali vividas em conjunto, e estudando, estudando, estudando. Grupos de médiuns que não gostam de estudar, sinceramente, sem meias-palavras: não servem para esse tipo de trabalho.

O dirigente deve ser alguém com os pés no chão, avesso a ficar vagando entre hipóteses místicas e pensamentos agitados por teorias estranhas. O vocabulário utilizado, tanto entre os membros da equipe mediúnica quanto no trato com os espíritos, precisa ser o mais claro e simples possível, sem terminologias complicadas e em desuso ou, ainda, vigentes tão somente entre um pequeno círculo de iniciados. Os médiuns precisam saber o significado exato daquilo que é dito. Por incrível ou óbvio que pareça, esse ponto representa entrave em mais grupos do que se possa pensar.

Por esse motivo, conforme minha opinião pessoal, é desejável que os médiuns invistam num minicurso de pronúncia, vocabulário, leitura e interpretação de texto e disciplinas afins. Afinal, a matéria-prima e a ferramenta de uma reunião é a comunicação.

Deparamos com grande quantidade de médiuns que não conseguem se expressar corretamente, que apresentam enorme dificuldade ao falar das próprias ideias; que dirá ao transmitir o pensamento dos espíritos? Como não são capazes de descrever as percepções e sensações que registram, quando o dirigente interpela o espírito num processo obsessivo complexo ficam sem saber o que o desencarnado quis dizer; o diálogo não avança. Falta clareza para exprimir pensamentos, emoções, sensações. Sobretudo, resta a dúvida de em que medida aquilo que foi dito durante o transe advém do espírito; se a comunicação foi fiel ao que foi sentido e ao que foi dito, ou se tudo não passou de impressão e interpretação do médium, que não alcançou o raciocínio e os conflitos do espírito. Eis apenas um exemplo do que pode ocorrer e da influência que a capacidade de expressão exerce sobre a atuação dos médiuns. Sem sombra de dúvida, o fator comunicação requer ser mais trabalhado e explorado dentro de uma equipe mediúnica, cada qual com suas particularidades.

Vejo muitas vezes que há pessoas aspirando ao exercício da faculdade de psicofonia ou de psicografia, mas que não sabem sequer falar e escrever direito, nem mesmo exprimir com exatidão seu próprio pensamento. E nego-velho não está fazendo apologia da sofisticação e da seleção apenas daqueles indivíduos dotados de mais instrução; não é nada disso. Note bem que falo de aprimorar aptidões sem perder de vista a simplicidade; não se trata de algo complicado nem inatingível, mas de buscar clareza, eficiência na comunicação, erradicando para bem longe a confusão, a obscuridade e o mal-entendido. Todos temos o que melhorar nesse quesito... Por que não reconhecer esse fato e começar já?

Imagine, meu filho, como fica o intercâmbio entre os dois lados da vida — e entre os próprios integrantes! — numa reunião em que os médiuns não têm noção da maneira de interpretar um texto escrito... quanto mais o pensamento de um espírito. Que faz o dirigente ou o terapeuta da reunião com os elementos esparsos que consegue obter durante uma comunicação truncada? Como adotar o discurso mais eficiente, que se aproxime da cultura do espírito em atendimento, se este mal encontrou recursos para se expressar?

Fala-se em estudar; pois percebamos que estudar, muitas vezes, implica começar do começo. Como falar de pirâmides egípcias aos que, além de jamais terem tido qualquer informação sobre a grande civilização do Nilo, nem ao menos têm por hábito consultar um mapa-múndi e ignoram até mesmo a localização do Egito? De que modo falar em cones, esferas e nas letras gregas da geometria se há tantos indivíduos que não guardam qualquer informação a respeito? Como determinar se as cenas percebidas por meio da mediunidade são contemporâneas ou pretéritas se o desconhecimento sobre os costumes, o vestuário e o contexto histórico, às vezes, é quase total? Não é necessário ir tão longe: a realidade que muitos preferem não enxergar é que há muitos espíritas que, diante de *O livro dos espíritos*, não conseguem precisar com segurança quem é o autor das perguntas que leem ali, tampouco são capazes de compreender a dinâmica e identificar quais itens são respostas — obtidas por meio de psicografia —, quais são comentários de Kardec e quais são artigos ou ensaios, já que a obra, em toda a sua extensão, nem sempre obedece à alternância entre perguntas e respostas.

Como vê, filho, não abordo aqui as bases

espirituais desse tipo de reunião, as quais Allan Kardec já definiu de maneira brilhante em seus volumes da Codificação. Optei por destacar o ponto de vista da comunicação, do entendimento verdadeiro da fala e da mensagem, bem como da necessidade de os médiuns se aperfeiçoarem, de saberem expressar corretamente e talvez até com riqueza de detalhes o que veem, ouvem e sentem, aumentando o repertório que oferecem ao trabalho e aos desencarnados com os quais travam contato. Sem isso, meu filho, poderão ficar anos sem fim tentando solucionar dilemas que, em alguns casos, já estão solucionados — ou para os quais não existe solução. A ignorância deve ser combatida e enfrentada a todo custo entre os membros de uma equipe mediúnica, a fim de obter resultados tão amplos e confiáveis quanto possível.[7]

[7] Sempre é oportuno lembrar o mandamento que tem sido tomado como um dos lemas do espiritismo, numa comunicação que, com reservas e bastante cautela, Kardec revela ter sido assinada pelo próprio Jesus de Nazaré: "Espíritas! amai-vos, eis o primeiro ensino; instruí-vos, eis o segundo" (ibidem, p. 542, cap. 31, item IX). Essa frase e a conduta de Kardec e do espírito Verdade ao longo

Para além disso, a equipe pode recorrer aos sérios livros da Codificação espírita, os quais dão uma base segura para a realização de reuniões produtivas.

123 *Como lidar com os condensadores energéticos encontrados durante os trabalhos de desobsessão?*

Com os médiuns desdobrados, o mais acertado é queimar os condensadores energéticos com a força do vento solar,[8] das salamandras — seres elementais ligados ao fogo — ou de recursos magnéticos mais intensos, conforme o conhecimento e o estilo do grupo mediúnico. Jamais

de sua obra seguramente oferecem margem para depreender que uma das aptidões, sem a outra, está incompleta.

[8] "O chamado *vento solar* não é um vento propriamente dito, mas uma irradiação proveniente do Sol — de bilhões de partículas subatômicas —, tanto em sua composição energética habitual, conhecida nos estudos de meus irmãos da ciência, quanto em sua forma astral, correspondente a essas mesmas partículas e localizada na dimensão extrafísica. (...) Tais formações de pura ener-

se deve deixar passar a oportunidade de destruir os apetrechos sombrios utilizados nos trabalhos de baixa magia e feitiçaria. Tudo deve ser absolutamente eliminado.

É importante notar que não me refiro a condensadores energéticos materiais, mas sim a suas duplicatas astrais, percebidas normalmente no ambiente das reuniões mediúnicas em que tais problemas obsessivos são abordados. Isso equivale a dizer que não há necessidade de fazer despachos, tampouco usar objetos materiais com caráter ritualístico, isto é, lançar mão de ferramentas estranhas ao formato espírita de trabalho, que prima pela simplicidade. Muita cautela meus filhos devem ter para não admitir exotismos ou importar práticas ritualísticas

gia (...) podem ser conduzidas da alta estratosfera mediante o auxílio de entidades especializadas, a fim de esterilizar os locais para onde forem canalizadas. A energia dinâmica das partículas do vento solar tem a propriedade de influenciar magneticamente os campos de frequência de baixo teor vibratório, desfazendo-os ou fragmentando-os" (PINHEIRO. *Consciência*. 2ª ed. rev. Contagem: Casa dos Espíritos, 2010, p. 201-202, item 74). Vale consultar todo o capítulo da obra indicada, que trata de questões correlatas.

para o meio espírita e os trabalhos sagrados da mediunidade com Jesus. Embora respeitemos os cultos de formação afro e os de raiz, os irmãos do candomblé tanto quanto meus irmãos umbandistas, nos meios espíritas adotamos instrumentos diferentes para alcançar resultados de maneira mais prática e com igual intensidade. Não precisamos umbandizar as reuniões espíritas; não faz parte da instrumentalidade espiritista o acender de velas e outros recursos dotados de valor real, porém associados a outros cultos. Ao abordar temas complexos como baixa magia e feitiçaria, tenhamos o cuidado de não abdicar da simplicidade dos métodos espíritas, tão duramente conquistados ao longo dos anos e ainda em aperfeiçoamento. Respeitemos os outros, sua metodologia e sua fé, mas sejamos sinceros e coerentes, sem perder de vista a proposta do espírito Verdade.

REFERÊNCIAS BIBLIOGRÁFICAS

AZEVEDO, José Lacerda. *Espírito/matéria*: novos horizontes para a medicina. 8ª ed. rev. atual. Porto Alegre: Casa do Jardim, 2005.

BARROS, José Flávio Pessoa de; NAPOLEÃO, Eduardo. *Ewé òrìsà*: uso litúrgico e terapêutico dos vegetais nas casas de candomblé jêje-nagô. 4ª ed. Rio de Janeiro: Bertrand, 2009.

BÍBLIA de referência Thompson. Edição contemporânea de Almeida. São Paulo: Vida, 1995.

BÍBLIA de referência Thompson. Nova Versão Internacional. São Paulo: Vida, 1995.

BOZZANO, Ernesto. *Pensamento e vontade*. 11ª ed. Rio de Janeiro: FEB, 2010.

DICIONÁRIO HOUAISS DA LÍNGUA PORTUGUESA. Rio de Janeiro: Objetiva, 2009.

NOVO DICIONÁRIO ELETRÔNICO AURÉLIO (versão 6.0). 4ª ed. de *O novo dicionário Aurélio da Língua Portuguesa*, atualizada e revista conforme o Novo Acordo Ortográfico da Língua Portuguesa de 7 de maio de 2008. Curitiba: Positivo, 2009.

KARDEC, Allan. *A gênese, os milagres e as predições segundo o espiritismo*. Tradução de Guillon Ribeiro. 1ª ed. esp. Rio de Janeiro: FEB, 2005.

__. *Catálogo racional das obras para se fundar uma biblioteca espírita*. In: KARDEC. *O espiritismo na sua expressão mais simples* e outros opúsculos de Kardec. Tradução de Evandro Noleto Bezerra. 1ª ed. Rio de Janeiro: FEB, 2006, p. 141-205.

____. *O Evangelho segundo o espiritismo*. Tradução de Guillon Ribeiro. 120ª ed. Rio de Janeiro: FEB, 2002.

____. *O livro dos espíritos*. Tradução de Evandro Noleto Bezerra. 1ª ed. comemorativa dos

150 anos. Rio de Janeiro: FEB, 2006.

____. *O livro dos espíritos*. Tradução de Guillon Ribeiro. 1ª ed. esp. Rio de Janeiro: FEB, 2005.

____. *O livro dos médiuns* ou guia dos médiuns e dos evocadores. Tradução de Evandro Noleto Bezerra. 1ª ed. Rio de Janeiro: FEB, 2009.

____. *O livro dos médiuns* ou guia dos médiuns e dos evocadores. Tradução de Guillon Ribeiro. 1ª ed. esp. Rio de Janeiro: FEB, 2004.

____. *O que é o espiritismo*. Tradução de Guillon Ribeiro. 1ª ed. esp. Rio de Janeiro: FEB, 2005.

____. *Obras póstumas*. Tradução de Guillon Ribeiro. 1ª ed. esp. Rio de Janeiro: FEB, 2005.

____. *Revista espírita*: jornal de estudos psicológicos. Tradução de Evandro Noleto Bezerra. Rio de Janeiro: FEB, 2005. v. I (1858), III (1860), V (1862), VI (1863), XI (1868).

MEDEIROS, João Bosco. *Manual de redação e normalização textual*. São Paulo: Atlas, 2002.

PINHEIRO, Robson. Pelo espírito Ângelo Inácio. *Aruanda*: magia negra, elementais, pretos-velhos e caboclos sob a ótica espírita. 10ª ed. Contagem: Casa dos Espíritos, 2007.

____. Pelo espírito Ângelo Inácio. *Legião*: um

olhar sobre o reino das sombras. 2ª ed. Contagem: Casa dos Espíritos, 2006. (Trilogia O Reino das Sombras, v. 1.)

___. Pelo espírito Estêvão. *Apocalipse*: uma interpretação espírita das profecias. 8ª ed. Contagem: Casa dos Espíritos, 2005.

___. Pelo espírito Joseph Gleber. *Além da matéria*: uma ponte entre ciência e espiritualidade. 9ª ed. Contagem: Casa dos Espíritos, 2008.

___. Pelo espírito Joseph Gleber. *Consciência*: em mediunidade, você precisa saber o que está fazendo. 2ª ed. rev. Contagem: Casa dos Espíritos, 2010.

___. Pelo espírito W. Voltz, orientado por Ângelo Inácio. *Corpo fechado*. Contagem: Casa dos Espíritos, 2009.

PIRES, José Herculano. *Vampirismo*. 9ª ed. São Paulo: Paideia, 2003.

SILVA, W. W. da Matta. *Umbanda de todos nós*. 13ª ed. São Paulo: Ícone, 2009.

XAVIER, Francisco Cândido. Pelo espírito André Luiz. *Evolução em dois mundos*. 20ªed. Rio de Janeiro: FEB, 2002.

___. Pelo espírito André Luiz. *Libertação*. 2ª ed.

esp. Rio de Janeiro: FEB, 2010.
____. Pelo espírito Emmanuel. *O consolador*. 28ª ed. Rio de Janeiro: FEB, 2008.

INTERNET
http://fr.wikipedia.org/wiki, acessada em 24 de janeiro de 2011.

OUTRAS OBRAS

PELO ESPÍRITO JÚLIO VERNE

2080 [obra em 2 volumes]

PELO ESPÍRITO ÂNGELO INÁCIO

Encontro com a vida

Crepúsculo dos deuses

O próximo minuto

Os viajores: agentes dos guardiões

COLEÇÃO SEGREDOS DE ARUANDA

Tambores de Angola

Aruanda

Antes que os tambores toquem

SÉRIE CRÔNICAS DA TERRA

O fim da escuridão

Os nephilins: a origem

O agênere

Os abduzidos

TRILOGIA O REINO DAS SOMBRAS

Legião: um olhar sobre o reino das sombras

Senhores da escuridão

A marca da besta

TRILOGIA OS FILHOS DA LUZ

Cidade dos espíritos

Os guardiões

Os imortais

SÉRIE A POLÍTICA DAS SOMBRAS

O partido: projeto criminoso de poder

A quadrilha: o Foro de São Paulo

O golpe

ORIENTADO PELO ESPÍRITO ÂNGELO INÁCIO

Faz parte do meu show

COLEÇÃO SEGREDOS DE ARUANDA

Corpo fechado (pelo espírito W. Voltz)

PELO ESPÍRITO TERESA DE CALCUTÁ

A força eterna do amor

Pelas ruas de Calcutá

PELO ESPÍRITO FRANKLIM

Canção da esperança

PELO ESPÍRITO PAI JOÃO DE ARUANDA

Sabedoria de preto-velho

Pai João

Negro

Magos negros

PELO ESPÍRITO ALEX ZARTHÚ

Gestação da Terra

Serenidade: uma terapia para a alma

Superando os desafios íntimos

Quietude

PELO ESPÍRITO ESTÊVÃO

Apocalipse: uma interpretação espírita das profecias

Mulheres do Evangelho

PELO ESPÍRITO EVERILDA BATISTA

Sob a luz do luar

Os dois lados do espelho

PELO ESPÍRITO JOSEPH GLEBER

Medicina da alma

Além da matéria

Consciência: em mediunidade, você precisa saber o que está fazendo

A alma da medicina

ORIENTADO PELOS ESPÍRITOS
JOSEPH GLEBER, ANDRÉ LUIZ E JOSÉ GROSSO

Energia: novas dimensões da bioenergética humana

COM LEONARDO MÖLLER

Os espíritos em minha vida: memórias

Desdobramento astral: teoria e prática

PREFACIANDO
MARCOS LEÃO PELO ESPÍRITO CALUNGA

Você com você

CITAÇÕES

100 frases escolhidas por Robson Pinheiro

QUEM ENFRENTARÁ O MAL
A FIM DE QUE A JUSTIÇA PREVALEÇA?

Os guardiões superiores estão recrutando agentes.

Fundado pelo médium, terapeuta e escritor espírita ROBSON PINHEIRO no ano de 2011, o Colegiado de Guardiões da Humanidade é uma iniciativa do espírito Jamar, guardião planetário.

Com grupos atuantes em mais de 17 países, o Colegiado é uma instituição sem fins lucrativos, de caráter humanitário e sem vínculo político ou religioso, cujo objetivo é formar agentes capazes de colaborar com os espíritos que zelam pela justiça em nível planetário, tendo em vista a reurbanização extrafísica por que passa a Terra.

Conheça o Colegiado de Guardiões da Humanidade. Se quer servir mais e melhor à justiça, venha estudar e se preparar conosco.

Chir. C. I.
N. 5 sqq.

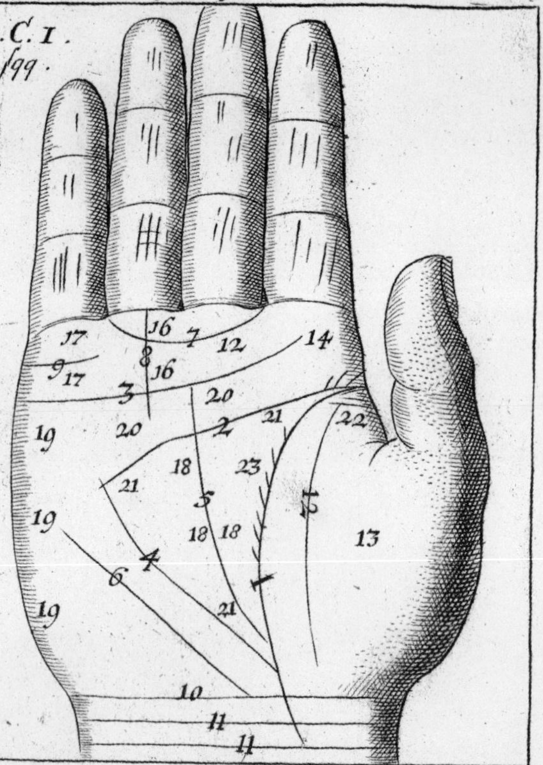

1. Vitalis.
2. Naturalis.
3. Mensalis.
4. Hepatica.
5. Saturnina:
6. Vialactea.
7. Cingulum Veneris.
8. Linea Honoris.
9. Linea Matrimonii.
10. Rascetta.
11. Restricta.
12. Linea Martis.
13. Mons Veneris.
14. Mons Jovis.
15. Mons Saturni
16. Mons Solis
17. Mons Mercurii
18. Mons seu Cavea Martis.
19. Mons Lunæ.
20. Mensa.
21. Triangulus.
22. Rami Prosperitatis.
23. Rami Profectionis.